Inge Orehek

VOLLWERTKÜCHE IN SÜDTIROL

Aufnahmen von Robert Bernardi

Dritte Auflage

VERLAGSANSTALT ATHESIA · BOZEN

Reduzierte Ausgabe
des im gleichen Verlag erschienenen
großformatigen Buches

1998

Gesamtherstellung Athesiadruck, Bozen
ISBN 88-7014-758-4

Was sind vollwertige Lebensmittel?

In dem Buch von Professor Kollath: »Die Ordnung unserer Nahrung« ist der Begriff »Vollwert« abgegrenzt. Aufgrund seiner Forschungserkenntnisse teilt Professor Kollath die Nahrung in zwei Hauptgruppen ein:

1. ***Lebensmittel***
(Mittel zum Leben) sind lebendige Stoffe, die alle Merkmale des Lebendigen aufweisen: die Reproduktions- oder Keimfähigkeit, das Wachstum, einen eigenen Stoffwechsel. Lebensmittel sind nach seinen Forschungserkenntnissen unerläßlich zur Erhaltung bzw. Wiedererlangung der Gesundheit.

2. ***Nahrungsmittel***
(Mittel mit Nährwert) sind Mittel, die tot *sind, das heißt, die durch Erhitzung, Konservierung oder sogar Präparierung ihre Lebendigkeit eingebüßt haben; somit liefern sie zwar noch einen quantitativen Nährwert (Joulewert), aber keine lebendigen Stoffe und somit keine Vitalität (vita = Leben).*

Was sind Vitalstoffe?

Vitalstoffe sind die aktiven Wirkstoffe, die in Lebensmitteln in einer natürlichen Einheit und Harmonie vorkommen. Sie haben eine außerordentlich wichtige Funktion im menschlichen Stoffwechsel. Eine Unterversorgung mit diesen Vitalstoffen auf längere Zeit führt, wie viele Wissenschaftler nachgewiesen haben, zum Auftreten von Krankheitssymptomen. Die Naturwissenschaftler (Chemiker und Ernährungswissenschaftler) haben die Notwendigkeit und Wichtigkeit vieler dieser Stoffe erkannt, analysiert und auch isoliert, ja sogar synthetisiert, also künstlich erzeugt, so daß wir heute eine große Anzahl dieser Stoffe als Präparate für teures Geld erhalten können.

Da drängt sich natürlich die Frage auf, ob es nicht sinnvoller wäre, diese Vitalstoffe mit den Lebensmitteln in natürlicher Form zu sich zu nehmen. Daher sollte ein Drittel der täglichen Nahrungsaufnahme aus abwechslungsreicher Rohkost bestehen. Auf diese Weise wäre eine ausreichende Zufuhr von natürlich eingebetteten Vitalstoffen gesichert. So wird eine Unterversorgung vermieden und eine Vorbeugung (Prophylaxe) erreicht.

Zu den Vitalstoffen zählen:

wasserlösliche und fettlösliche Vitamine,
Mineralstoffe (Mengenelemente),
Spurenelemente,
Enzyme (Fermente),
ungesättigte Fettsäuren,
Aromastoffe,
Faserstoffe (sogenannte Ballaststoffe).

Die Tabelle auf Seite 4 ist eine vereinfachte Darstellung der Forschungserkenntnisse nach Professor Kollath. Sie gibt uns eine Übersicht, was Lebensmittel und Nahrungsmittel sind, und anhand dieser Tabelle kann jeder selbst messen, inwieweit seine Ernährung »vollwertig«, das heißt vitalstoffreich und somit gesund ist.

Die Ordnung unserer Nahrung nach Professor Kollath

	Lebensmittel			Nahrungsmittel		
	natürliche	mechanisch veränderte	fermentativ veränderte	erhitzt	konserviert	präpariert
aus dem Pflanzenreich	Nüsse: Hasel-, Kokos-, Walnüsse, Mandeln usw.	geriebene Nüsse	mit Hilfe von Eigenfermenten, Hefen und Bakterien	Vollkorngebäck: Brot, Kuchen usw.	Vollkorndauerbackwaren: Zwieback, Kekse usw.	Kunstfette, Margarine, chem. gewonnene Öle, Kokosfett
	Ölfrüchte: Oliven, Sesam, Leinsamen, Sonnenblumenkerne usw.	naturbelassene Öle				
	Getreide: Weizen, Roggen, Gerste, Reis, Hirse, Hafer, Mais usw. gekeimtes Getreide	gemahlene bzw. geschrotete Getreide (unerhitzt und frischgemahlen)	unerhitzte Breie (Frischkornbrei)	gekochte Vollkorngerichte, Vollkornflocken	Fertigmüsli	Auszugsmehle und Produkte aus Auszugsmehlen, alle Fabrikzuckerarten (weißer oder brauner Kristall-, Frucht-, Malzzucker usw.), Schokolade, Konfekt
	Gemüse: Keim-, Frucht-, Blüten-, Stengel-, Wurzel-, Zwiebel-, Blattgemüse, Kräuter usw.	zerkleinerte Gemüse und Kräuter	Gärgemüse wie Sauerkraut	gekochte Gemüsegerichte	Gemüsekonserven	Produkte aus Soja: Sojafleisch, -wurst usw.
	Obst: Beeren-, Kern-, Stein-, Südfrüchte usw.	zerkleinertes Obst	Garsäfte	gekochtes Obst	Obstkonserven, Trockenobst	künstliche Aromastoffe, Vitamine, Fermente usw.
aus dem Tierreich	Honig		Met			
	Rohmilch: Muttermilch, Kuh-, Schaf-, Ziegenmilch usw.	Butter, Rahm, Buttermilch, Molke, Magermilch (alle Produkte unpasteurisiert und unerhitzt)	Dickmilch, Joghurt, Kefir, Quark und Käse – alle Produkte aus unerhitzter nicht pasteurisierter Milch hergestellt	pasteurisierte, gekochte Milch, pasteurisierte Butter, Rahm und Käse aus pasteurisierter Milch hergestellt	H-Milch, H-Sahne, sterilisierte Milch, sterilisierte Sahne	Trockenmilch, Kondensmilch
	rohe Eier	Muscheln, Tatar	Fleisch und Fisch unerhitzt luftgetrocknet	Fleisch und Fisch sowie Eier gekocht oder gebraten usw.	Fleisch- und Fischkonserven	Trockenei, Fleischextrakt, Fermente, Hormone, Eiweißpräparate
Getränke	natürliches Quellwasser, Quellmineralwasser	Leitungswasser ohne chem. Zusätze	Gärgetränke: nat. Wein, Bier ohne chem. Zusätze	gekochte Tees, Heilquellen-Mineralwasser, Gemüsebrühe	Leitungswasser, Wein und Bier mit chem. Zusatzstoffen	künstl. Mineralwasser, Soft Drinks, Branntweine

Nun stellt sich natürlich die Frage:

Was soll man essen und was soll man meiden?

Natürlich gibt es in der vitalstoffreichen Vollwertkost keine Verbote oder Gebote. Daher erübrigt sich die so oft gestellte Frage, ob man Fleisch und Fisch essen darf. Die Frage ist vielmehr: Braucht der Mensch Fleisch, Fisch oder überhaupt tierisches Eiweiß, um gesund zu bleiben? Diese Frage kann mit einem klaren Nein beantwortet werden. Der Mensch kann als Vegan sehr gut, wenn nicht besser bzw. gesünder leben. Vegans sind Menschen, die zum Unterschied der Lacto Ovo Vegetarier keine Milchprodukte und keine Eier zu sich nehmen, also von einer rein vegetarischen Kost leben.

Die Vorstellung, nur Fleisch enthalte alle essentiellen Aminosäuren (kleinste Bausteine der Eiweißstoffe), ist seit langem überholt. Bereits vor mehr als vierzig Jahren haben wissenschaftliche Untersuchungen den Beweis erbracht, daß auch Pflanzen alle essentiellen Aminosäuren enthalten. Aber das Eiweiß ist nicht allein eine Frage der Aminosäuren, sondern vielmehr richtet sich auch hier die Vollwertigkeit nach der Lebendigkeit der Stoffe. Professor Kollath hat in wiederholten Tierversuchen den Beweis erbracht, daß ein grundsätzlicher Unterschied zwischen *nativem* und *denaturiertem* Eiweiß besteht. Chemisch ist dieser Unterschied nicht nachweisbar, jedoch biologische Versuche haben einen gravierenden Unterschied gezeigt. Professor Lothar Wendt hat nachgewiesen, daß zuviel denaturiertes Eiweiß zu Eiweißspeicherkrankheiten führt. Daher stellt sich überhaupt nicht die Frage: tierische oder pflanzliche Eiweiße, sondern vielmehr native oder denaturierte bzw. rohe oder erhitzte Eiweiße. Da aber nur mit wenigen Ausnahmen tierische eiweißreiche Produkte erhitzt, also denaturiert, verzehrt werden, erübrigt sich eigentlich diese Fragestellung.

Die Erfahrung hat gezeigt, daß durch eine Kombination aus verschiedenem Gemüse (Wurzel, Stengel, Blatt und Frucht) mit Vollkorngetreide, in roher, unerhitzter Form verzehrt, eine optimale Eiweißversorgung erreicht wird.

Grundsätzlich gibt es vier Nahrungsmittel, die der Mensch meiden sollte:

1. *Alle Fabrikzuckerarten (weißer und brauner Zucker, Melasse, Malzzucker, Traubenzucker, Fruchtzucker, Dicksäfte usw.)*
2. *Auszugsmehle und deren Produkte (Nudel, Weiß- oder Grau- bzw. Schwarzbrot, Kuchen, Pudding usw.)*
3. *Alle raffinierten Fette (gewöhnlich in der Fabrik hergestellte Öle, Margarine usw.)*
4. *Für Leber-, Galle-, Magen- und Darmempfindliche: alle Säfte aus Obst und Gemüse*

Speisen, die Sie täglich essen sollten:

1. *Frischkost, also rohes Gemüse und Obst*
2. *Drei Eßlöffel rohes Getreide (in Form von Frischkornbrei oder gekeimtem Getreide)*
3. *Naturbelassene Fette (kaltgepreßte Öle, Butter, Nüsse, Fettsamen)*
4. *Gekochtes Vollkorngetreide oder Brot aus verschiedenem Getreide*

Vieles ist hier nicht aufgezählt und gehört zu den Speisen, die der Mensch nicht braucht, um gesund zu bleiben oder wieder gesund zu werden.

Daß der Geschmack meistens anerzogen ist und somit eine Gewohnheit ist, kann man an vielen Essensarten in Familien erkennen. Jeder täuscht sich selber, wenn er behauptet und glaubt, daß alles, was ihm gut schmeckt und gut bekommt, auch für seine Gesundheit förderlich ist.

Artischocken mit Champignons

2 Artischocken, 200 g frische Champignons
2 Eßl. gehackte Petersilie, etwas Knoblauch
kaltgepreßtes Olivenöl
Saft einer unbehandelten Zitrone, etwas Vollmeersalz

Artischocken putzen und in Zitronenwasser legen (½ l Wasser, 1 Eßlöffel Zitronensaft), Champignons putzen, waschen und in dünnen Scheiben schneiden.
Die Artischocken vierteln, das »Stroh« entfernen und fein aufschneiden. Zusammen mit den Champignons in eine Schüssel geben und mit der gehackten Petersilie mischen. Aus Öl, Zitronensaft, Salz und frischgepreßtem Knoblauch eine Marinade zubereiten und den Salat damit abschmecken.

Artischockensalat

2 Artischocken, 4 Eßl. gehackte Petersilie
etwas gepreßter Knoblauch, kaltgepreßtes Olivenöl
Saft einer unbehandelten Zitrone
1 Eßl. entsalzene, gehackte Kapern, evtl. Vollmeersalz

Die Artischocken putzen und sofort für einige Minuten in Zitronenwasser geben (auf ½ l Wasser, 1 Eßlöffel Zitronensaft). Nun die Artischocken vierteln, das »Stroh« entfernen und fein aufschneiden. Die gehackte Petersilie und die Kapern (Salzkapern gut waschen und mindestens 12 Stunden in Wasser legen, evtl. öfters das Wasser wechseln; gut ausdrücken und dann fein hacken) zu den geschnittenen Artischocken geben und gut vermischen. Aus Olivenöl, Zitrone und Knoblauch eine Marinade zubereiten und den Salat damit abschmecken, eventuell etwas nachsalzen.
Variation: Zur Verfeinerung evtl. 2 Eßlöffel geriebenen Parmesankäse (Parmigiano Reggiano) dazugeben.

Blaukrautsalat mit Lorbeer (oder Weißkraut)

½ Blaukrautkopf
2 Lorbeerblätter
1 gepreßte Knoblauchzehe
kaltgepreßtes Olivenöl
Saft einer unbehandelten Zitrone oder Apfelessig
etwas Vollmeersalz

Das Blaukraut putzen, evtl. die äußeren Blätter entfernen, waschen und fein schneiden.
Die Lorbeerblätter und Knoblauch fein hacken, mit dem Olivenöl und dem Zitronensaft oder dem Essig verrühren. Vor dem Anrichten Salz dazugeben und das feingeschnittene Blaukraut mit dieser Marinade gut vermischen.

NB.: Die Marinade mindestens eine Stunde vorher zubereiten, damit sich das Aroma des Lorbeers richtig entfalten kann.

Bleichsellerie mit Karotten

6 Stangen Bleichsellerie
2 kleine Karotten
kaltgepreßtes Olivenöl
Saft einer unbehandelten Zitrone
Vollmeersalz
4 Walnüsse

Bleichsellerie putzen, waschen und fein schneiden, Karotten ebenfalls bürsten und nicht zu fein raffeln, mit dem Sellerie vermengen und der Marinade, die aus Öl, Zitronensaft und Salz zubereitet wird, abschmecken und mit Walnußstücken garnieren.

Bild rechts:
Salatkombination
Blaukraut mit Lorbeer siehe oben
Selleriesalat Seite 18

Blumenkohl mit Kräutern

1 kleiner Blumenkohl
1 gehäufter Eßl. gemischte feingehackte Kräuter
(Rosmarin, Salbei, Thymian usw.,
evtl. etwas Peperoncino)
kaltgepreßtes Olivenöl
Apfelessig oder Saft einer unbehandelten Zitrone
Vollmeersalz

Blumenkohl putzen, waschen und fein schneiden.
Mindestens 1 Stunde vorher eine Marinade aus den übrigen Zutaten zubereiten, diese mit dem Blumenkohl mischen und vor dem Servieren mindestens 15 Minuten ziehen lassen.

Blumenkohlsalat mit Kapern

1 kleiner Blumenkohl
3–4 Eßl. entsalzte gehackte Kapern
1 Teel. feingehackter Majoran
kaltgepreßtes Olivenöl
Saft einer unbehandelten Zitrone
evtl. etwas Vollmeersalz

Den Blumenkohl putzen, waschen und fein schneiden.
Aus Olivenöl, Zitronensaft, Majoran, den entsalzten (Salzkapern gut waschen und mindestens 12 Stunden in Wasser legen, evtl. öfters das Wasser wechseln; gut ausdrücken und dann fein hacken), feingehackten Kapern eine Marinade zubereiten und den Blumenkohl damit abschmecken.
NB: Lassen Sie diesen Salat 15 Minuten ziehen, dann schmeckt er noch besser.

Blumenkohl mit Peperoni (Broccoli)

1 Blumenkohl (Broccoli)
1 roter und 1 gelber Peperone
3 Eßl. schwarze griechische Oliven
2 Eßl. gehackte Petersilie
kaltgepreßtes Olivenöl
Saft einer unbehandelten Zitrone oder Apfelessig
Vollmeersalz

Den Blumenkohl waschen und fein schneiden; die Peperoni waschen, putzen, die Samen und die weißen Teile entfernen, sodann in Würfel schneiden. Oliven entsteinen, in Scheiben schneiden und die Petersilie hacken. Alle aufgeschnittenen Zutaten gut vermischen.
Den Zitronensaft mit dem Öl und dem Salz vermischen, über den Salat gießen und gut umrühren.

Broccoli mit Champignons

2 Broccoli
150 g Champignons
etwas gepreßter Knoblauch
kaltgepreßtes Olivenöl
Saft einer unbehandelten Zitrone oder Obstessig
etwas Vollmeersalz
evtl. etwas frischer oder in Öl gelegter Peperoncino

Broccoli putzen, waschen und fein schneiden; Champignons ebenfalls putzen, einzeln waschen, gut abtropfen lassen, dann in Scheiben schneiden und mit den Broccoli gut vermischen.
Eine Marinade aus Öl, Zitronensaft oder Essig, Salz frischgepreßtem Knoblauch und feingehacktem Peperoncino zubereiten und den Salat damit abschmecken.

Champignonsalat

250 g Champignons
1 Bund Petersilie
etwas Knoblauch
kaltgepreßtes Olivenöl
Saft einer unbehandelten Zitrone
etwas Vollmeersalz

Die Champignons putzen und einzeln waschen, gut abtropfen lassen, evtl. auf ein Küchentuch legen. Nun werden die Champignons in nicht zu dünne Scheiben geschnitten und sofort mit Zitronensaft beträufelt, damit sie nicht braun werden. Die Petersilie fein hacken und zu den geschnittenen Champignons geben.
Aus Öl, Zitronensaft, gepreßtem Knoblauch und etwas Salz (nicht zuviel) eine Marinade zubereiten und die Champignons kurz vor dem Servieren damit anrichten.

Salatkombination: Bleichsellerie-Broccoli-Salat mit Kräuter-Sahne-Sauce, Radieschenberg

Bleichsellerie-Broccoli-Salat mit Kräuter-Sahne-Sauce

4 Stangen Bleichsellerie
1 große Broccoliblüte
zum Garnieren einige Salatblätter

Kräuter-Sahne-Sauce:
1/8 l Rahm
1 Teel. Zitronensaft (unbehandelte Zitrone verwenden)
1 Teel. Senf (aus dem Naturkostladen – ohne Zucker)
2 Eßl. gehackte Petersilie, etwas feingehackter Thymian
Vollmeersalz
1 kleine feingehackte Zwiebel

Sellerie und Broccoli putzen, waschen und nach Belieben fein oder grob zerkleinern.
Für die Salatsauce: Sahne schlagen; Zwiebel, Petersilie und Thymian fein hacken und unter die Sahne mischen, den Senf und den Zitronensaft dazugeben und mit Salz abschmecken.
Eine Schüssel mit Salatblättern auslegen, das Gemüse mit einem Teil der Sauce vermengen, in die Salatschüssel geben und mit einem »Häubchen« der restlichen Kräuter-Sahne-Sauce servieren.

Champignons mit Mayonnaise

300 g Champignons
3 Eßl. feingeschnittener Schnittlauch
1 Eßl. Saft einer unbehandelten Zitrone
zum Garnieren einige Salatblätter

Mayonnaise:
1 Eigelb
1 kleines Glas kaltgepreßtes Olivenöl oder kaltgepreßtes Samenöl
Saft einer halben unbehandelten Zitrone
1 Teel. Senf (aus dem Naturkostladen)
etwas Vollmeersalz
evtl. frischgemahlener Pfeffer
NB: Ei und Öl sollten die gleiche Temperatur haben

Zubereitung der Mayonnaise: zuerst das Eigelb mit dem Mixer rühren und langsam das Öl dazugeben, dann die übrigen Zutaten darunterrühren.
Die Champignons putzen, einzeln waschen und gut abtropfen lassen, dann werden sie in nicht zu dünne Scheiben geschnitten und sofort mit etwas Zitronensaft beträufelt, damit sie nicht braun werden.
2 Eßlöffel des geschnittenen Schnittlauchs unter die Mayonnaise rühren und dann die Champignons dazugeben und vorsichtig unterziehen.
Einen Salatteller mit Radicchio oder grünen Salatblättern auslegen, die angerichteten Champignons darauf häufen und mit dem restlichen Schnittlauch garnieren.

Gurken mit Joghurtsauce

2 Gurken
1 Becher Joghurt
1–2 Knoblauchzehen
Vollmeersalz
evtl. zum Garnieren einige grüne Salatblätter und eine Tomate

Gurke gut waschen, nicht schälen und in nicht zu dünne Scheiben schneiden.
In einer Schüssel das Joghurt mit dem zerdrückten Knoblauch und etwas Salz verrühren, die geschnittenen Gurken dazugeben und 15 Minuten ziehen lassen.
Einen Salatteller mit Salatblättern auslegen, den Gurkensalat darauf verteilen und mit Tomatenvierteln garnieren.

Spinat mit Zwiebeln

250 g frischer »junger« Spinat
evtl. einige »junge« Brennesselspitzen
1–2 frische Frühlingszwiebeln
Saft einer unbehandelten Zitrone
kaltgepreßtes Olivenöl
Vollmeersalz

Spinat und Brennesselspitzen waschen und gut abtropfen. Große Blätter etwas zerkleinern und in eine Salatschüssel geben.
Eine Marinade aus Öl, Zitronensaft, feingeschnittener Zwiebel und Salz zubereiten und über den Salat gießen.
NB: Zum Sammeln der Brennesseln evtl. Handschuhe anziehen; sind die Brennesseln einmal abgeschnitten, und gewaschen »brennen« sie nicht mehr.
Falls vorhanden, kann man einige Gänseblumenblüten oder auch Blüten der Kapuzinerkresse dazugeben.

Rote Beten mit Sahne

2 rote Beten
2 säuerliche Äpfel (Reinette)
Saft einer halben unbehandelten Zitrone
½ Becher Rahm
3 Eßl. geriebene Haselnüsse

Rote Beten putzen, waschen, gut bürsten und raspeln oder in Stifte schneiden, Äpfel waschen und dazu raffeln. Den Rahm mit dem Zitronensaft vermengen und unterheben.
Vor dem Servieren mit geriebenen Haselnüssen bestreuen.

Sauerkrautsalat

300 g Sauerkraut
1 Teel. Kümmel
1 kleine feingehackte Zwiebel
kaltgepreßtes Olivenöl

Sauerkraut ausdrücken, etwas aufschneiden und in eine Schüssel geben; den Kümmel und die feingehackte Zwiebel dazugeben, mit Olivenöl beträufeln und gut mischen.

Fenchelsalat mit Avocado

2 nicht zu große Fenchelknollen, 1 Avocado
Saft einer unbehandelten Zitrone, kaltgepreßtes Olivenöl
etwas Vollmeersalz

Fenchel halbieren, putzen und gut waschen, sodann in feine Streifen schneiden. Avocado schälen und in Würfel schneiden und mit dem geschnittenen Fenchel mischen. Aus Öl, Zitronensaft und Salz eine Marinade zubereiten und den Salat damit abschmecken.

Bild oben:
Salatkombination: Fenchel, Avocado und Spinat mit Karotten

Spinatsalat mit Karotten

250 g frischer »junger« Spinat
2 kleinere Karotten
etwas gepreßter Knoblauch
kaltgepreßtes Olivenöl
Saft einer unbehandelten Zitrone oder Obstessig
etwas Vollmeersalz
1 Eßl. Pinienkerne

Spinat gut waschen und fein schneiden, Karotten bürsten, waschen, nicht zu fein raspeln oder in Stifte schneiden und mit dem Spinat mischen. Eine Marinade aus Öl, Zitrone, Knoblauch und Salz zubereiten, über den Salat gießen, mischen und die Pinienkerne darüberstreuen.

Gurkensalat mit Dillsauce

2 Gurken
2 Eßl. Sonnenblumenkerne

Sauce:
3 Eßl. gehackter frischer Dill
½ Becher Sauerrahm (evtl. auch Süßrahm)
Saft einer unbehandelten Zitrone
etwas Vollmeersalz oder Kräutersalz

Gurken putzen, waschen, nicht schälen und in nicht zu dünne Scheiben schneiden.
Zubereitung der Sauce: Rahm leicht schlagen, mit dem Dill mischen, den Zitronensaft langsam dazugeben und mit Salz abschmecken.
In einer Salatschüssel die Gurken mit der Sauce gut vermischen und zum Schluß die Sonnenblumenkerne darüberstreuen.

Peperonisalat

2–3 Peperoni (gelb, rot und evtl. grün)
kaltgepreßtes Olivenöl
Saft einer unbehandelten Zitrone oder Obstessig
Vollmeersalz oder Tamari (Sojasauce im Naturkostladen erhältlich)
10 schwarze griechische Oliven
1 Teel. Origano oder Majoran

Die Peperoni teilen, die weißen Teile und die Samen entfernen, waschen und in feine Streifen schneiden.
Eine Marinade aus Olivenöl, Zitronensaft, Origano und Salz zubereiten, über die Peperoni gießen und umrühren. Die Oliven darüber verteilen.

Bild rechts:
Salatkombination
Gurken mit Dillsauce siehe oben
Peperonisalat siehe oben
Topinambur Seite 14

Topinambur

150–200 g Topinambur
Petersilie
Saft einer unbehandelten Zitrone
kaltgepreßtes Olivenöl
Vollmeersalz

Topinambur gut waschen, bürsten und in Streifen schneiden. Petersilie fein hacken und untermischen.
Eine Marinade aus Öl, Zitronensaft und Salz zubereiten und den Salat damit anrichten.

Schwarzwurzel mit Chantillysauce

3 Schwarzwurzeln
1 Eßl. Saft einer unbehandelten Zitrone

Chantillysauce:
2 Eßl. Mayonnaise oder 1 Eigelb
⅛ l kaltgepreßtes Olivenöl
etwas Vollmeersalz
frisch gemahlener Pfeffer
2 Eßl. geschlagene Sahne
Schale und Saft einer halben unbehandelten Zitrone oder Orange

Zubereitung der Sauce: Eigelb in einer kleinen Schüssel mit dem Rührgerät gut verrühren, langsam das Öl einrühren, mit Salz und Pfeffer würzen, die geriebene Schale der Zitrone oder Orange dazugeben und auch den Saft unterrühren. Zum Schluß die steifgeschlagene Sahne unterheben.
NB: Ei und Öl sollten die gleiche Temperatur haben.
Die Schwarzwurzeln gut waschen und bürsten, dann in Stifte schneiden und sofort mit Zitronensaft beträufeln damit sie nicht braun werden. Die Schwarzwurzeln mit der Chantillysauce servieren.
Übrigens: Die Chantillysauce schmeckt besonders gut zu gekochten Spargeln und Artischocken, aber auch zu rohem Sellerie.

Sauerkraut mit roter Bete

250 g rohes Sauerkraut
1 rohe rote Bete
1 Teel. Kümmel
kaltgepreßtes Olivenöl
evtl. etwas Essig

Sauerkraut aufschneiden und in eine Schüssel geben, die rote Bete waschen, gut bürsten, grob raspeln oder in feine Streifen schneiden und mit dem Kraut und dem Kümmel mischen. Olivenöl dazugeben und evtl. mit Essig und Salz abschmecken.

Fenchel mit Orangen

2 Fenchelknollen
2 Orangen
kaltgepreßtes Olivenöl
Saft einer unbehandelten Zitrone
Vollmeersalz

Fenchel vierteln, das Grüne des Fenchels zum Garnieren zurückbehalten, gut waschen und in feine Streifen schneiden.
Eine Marinade aus Öl, Zitronensaft und Salz zubereiten und den Fenchel damit abschmecken.
Die Orangen schälen, eine davon vierteln und in kleine Stücke schneiden und mit dem Fenchelsalat mischen. Die andere Orange in Scheiben schneiden und den Salat damit garnieren.
Das Grüne des Fenchels waschen, fein hacken und darüberstreuen.

Bild rechts:
Salatkombination
Fenchel mit Orangen siehe oben
Sauerkraut mit roter Bete siehe oben

Krautsalat mit Kapern

1 mittlerer Krautkopf
2 Eßl. entsalzte, gehackte Kapern
1 kleine Zwiebel
1 Eßl. feingehackte Kräuter (Origano, Majoran, Salbei, Thymian usw.)
Saft einer unbehandelten Zitrone oder Obst- bzw. guter Weinessig und kaltgepreßtes Olivenöl

Krautkopf putzen, waschen und fein aufschneiden.
Eine Marinade aus Olivenöl, Zitronensaft, Kapern (Salzkapern gut waschen, mindestens 12 Stunden in Wasser legen, evtl. Wasser öfters wechseln, gut ausdrücken und dann fein hacken), mit feingehackten Kräutern und feingehacktem Zwiebel zubereiten und den Krautsalat damit anrichten; evtl. noch etwas salzen.

Krautsalat mit Kümmel

1 mittlerer Krautkopf (Weiß- oder Blaukraut)
1–2 Teel. Kümmel
etwas gepreßter Knoblauch
Saft einer unbehandelten Zitrone oder
Obst- bzw. Weinessig
kaltgepreßtes Olivenöl und Vollmeersalz

Krautkopf putzen, waschen, fein aufschneiden und in eine Schüssel geben. Eine Marinade aus Olivenöl, Zitronensaft, Knoblauch, Salz und Kümmel zubereiten und mit dem Krautsalat gut vermischen.

Wirsing mit Rettich

1 mittlerer Wirsingkopf
1 Rettich (schwarz oder weiß)
etwas Kümmel oder feingehackter Lorbeer
kaltgepreßtes Olivenöl
Saft einer unbehandelten Zitrone oder Obstessig
Vollmeersalz

Wirsing putzen, waschen und fein aufschneiden, den Rettich waschen, bürsten und nicht zu fein raspeln, mit dem geschnittenen Wirsing mischen.
Eine Marinade aus Öl, Zitronensaft, Salz und Kümmel zubereiten, über den Salat gießen und gut vermischen.
½ Stunde ziehen lassen.

Kohlrabi mit Peperoncino

2 Kohlrabi
1 kleines Stückchen Peperoncino (frisch oder in Öl eingelegt)
Vollmeersalz
kaltgepreßtes Olivenöl
Saft einer unbehandelten Zitrone oder Obstessig
feingeschnittener Schnittlauch

Kohlrabi putzen, die holzigen Teile entfernen, waschen und raffeln. Peperoncino fein hacken, mit dem Olivenöl und dem Zitronensaft vermengen, salzen und die Kohlrabi damit anrichten, mit Schnittlauch garnieren.

Kohlrabi mit Mais

1 Kohlrabi
1 frischer Maiskolben
Vollmeersalz
kaltgepreßtes Olivenöl
1 Teel. Senf (aus dem Naturkostladen – ohne Zucker)
Obstessig oder Saft einer unbehandelten Zitrone
1 Eßl. gehackte Petersilie

Kohlrabi putzen, die holzigen Teile entfernen, waschen und nicht zu fein raspeln. Den Mais vom Kolben schneiden und mit dem Kohlrabi mischen.
Eine Marinade aus Öl, Essig, Senf und Salz zubereiten und den Salat damit abschmecken. Mit feingehackter Petersilie garnieren.

Bild rechts:
Salatkombination
Zucchini mit Minzblättern siehe rechts
Karottensalat mit Kresse siehe rechts

Zucchini mit Minzblättern

2 Zucchini
einige Minzblätter frisch vom Garten
kaltgepreßtes Olivenöl
Obstessig
Vollmeersalz

Zucchini waschen, putzen und in nicht zu dünne Scheiben schneiden, in eine Schüssel geben und mit einer Marinade aus Öl, Essig und Salz anrichten. Die Minze waschen, gut abtrocknen und etwas »zerpflücken« (nicht mit dem Messer schneiden, da sie sonst schwarz wird), sodann auf den Zucchinisalat verteilen.

Karottensalat mit Kresse

2 Karotten
50 g Kresse
kaltgepreßtes Olivenöl
Saft einer unbehandelten Zitrone oder Obstessig
Vollmeersalz

Karotten waschen, bürsten und nicht zu fein raspeln oder in Stifte schneiden. Die Kresse waschen und gut abtropfen lassen. Einen Teil der Kresse zur Dekoration zurückbehalten, den Rest etwas zerkleinern und mit den Karotten mischen.
Eine Marinade aus Öl, Zitronensaft und Salz zubereiten und den Salat damit abschmecken.

Mit der zurückbehaltenen Kresse auf einem Salatteller einen Kreis auslegen und den bereits abgemachten Salat in der Mitte verteilen.

Karottensalat mit Kräutern

2 Karotten
2 Teel. Thymian oder andere Kräuter wie Salbei, Rosmarin ...
kaltgepreßtes Olivenöl
Saft einer unbehandelten Zitrone
etwas Vollmeersalz

Karotten waschen, bürsten und nicht zu fein raspeln. Frische Kräuter fein hacken und mit den Karotten vermengen, Öl, Zitronensaft und Salz mischen und die Karotten damit abschmecken.

Karottensalat mit Sesam

2 Karotten
1 Eßl. Sesam
Vollmeersalz
Saft einer unbehandelten Zitrone
kaltgepreßtes Olivenöl

Karotten gut waschen und bürsten, nicht zu fein raffeln. Sesam in einer trockenen Pfanne leicht toasten, auskühlen lassen und zerstoßen oder in einem kleinen Mixer zerkleinern und mit den Karotten vermischen.
Eine Marinade aus Zitronensaft und kaltgepreßtem Olivenöl mit etwas Salz zubereiten und die Karotten damit abschmecken.

Karottensalat mit Meerrettichdressing

2 Karotten

Meerrettichdressing:
½ Becher Sauerrahm
½ Teel. geriebener Meerrettich
1 kleiner Apfel (Reinette)
Saft einer halben unbehandelten Zitrone
etwas Vollmeersalz

Karotten waschen, bürsten und nicht zu fein raffeln oder in Stifte schneiden.
Dressing: Den Apfel waschen und ungeschält fein auf einer Glasreibe schaben; sofort den Zitronensaft daruntermischen, dann den Rahm, den geriebenen Meerrettich und etwas Salz dazugeben, alles gut verrühren.
In einer Salatschüssel die Karotten mit dem Dressing gut vermischen und etwas ziehen lassen.

Winterrettich mit Kartoffeln

(auch mit Bierrettich)
1 schwarzer Rettich
3 gekochte, »speckige« Kartoffeln (Salatkartoffeln)
kaltgepreßtes Olivenöl
Saft einer unbehandelten Zitrone oder etwas Obstessig
Vollmeersalz
Zum Garnieren: einige Salatblätter
und 2 Eßl. feingeschnittenen Schnittlauch

Gekochte Kartoffeln in Scheiben oder Würfel schneiden, Rettich gut waschen, bürsten und raspeln, unter die Kartoffeln mischen, mit einer Marinade aus Öl, Essig und Salz abschmecken.
Einen Salatteller mit Salatblättern auslegen und den Rettich-Kartoffel-Salat darauf verteilen.

Selleriesalat

1 Sellerieknolle
4–5 Eßl. geriebener Parmesan (Parmigiano Reggiano)
kaltgepreßtes Olivenöl
Saft einer unbehandelten Zitrone oder Obstessig
etwas Vollmeersalz
feingehackte Petersilie zum Garnieren

Selleriewurzel gut waschen und bürsten, evtl. schälen und nicht zu fein raspeln oder in Stifte schneiden und sofort mit etwas Zitronensaft beträufeln; mit geriebenem Parmesan mischen und mit Öl, Zitrone und Salz abschmecken.
Vor dem Servieren mit gehackter Petersilie garnieren.

Zucchini mit Tomaten

2 Zucchini
2 Tomaten
Origano oder Majoran
Knoblauch
kaltgepreßtes Olivenöl
Obstessig oder Saft einer unbehandelten Zitrone
Vollmeersalz

Zucchini waschen und putzen (nicht schälen), in Scheiben schneiden, Tomaten ebenfalls waschen und achteln. Essig, Öl, gepreßten Knoblauch, Origano und Salz vermengen und über den Salat gießen. Alles vorsichtig vermengen.

Spinat mit Champignons

250 g frischer »junger« Spinat
150 g frische Champignons
frische Frühlingszwiebel
kaltgepreßtes Olivenöl
Obstessig oder Saft einer unbehandelten Zitrone
Vollmeersalz

Spinat putzen, gut waschen und abtropfen lassen; größere Blätter etwas zerkleinern. Champignons putzen, einzeln waschen und in Scheiben schneiden. Spinat und Champignons in eine Schüssel geben.
Eine Marinade aus Öl, Zitronensaft und Salz zubereiten und darübergießen. Vorsichtig umrühren und mit Zwiebelringen garnieren.

Bunter Salat

Grüner Salat nach Jahreszeit
½ Kohlrabi
1 kl. Karotte
4–8 Radieschen je nach Größe
evtl. 2 Selleriestangen
etwas rote und gelbe Peperoni
½ Gurke
einige schwarze Oliven
kaltgepreßtes Olivenöl
getoasteter Sesam
Vollmeersalz
Saft einer unbehandelten Zitrone oder Obstessig
evtl. feingeschnittene Zwiebel

Dieser Salat kann für jeden einzeln, also direkt auf einem Teller, angerichtet oder aber auch auf einem großen Salatteller serviert werden. Salat waschen und gut abtropfen lassen. Hat man mehrere Sorten von Blattsalat zur Verfügung, legt man auf jeden Teller zwei bis drei Blätter je Sorte (Maikönig, Endivie, Brasilianer, Eichenblatt usw.), etwas geraffelten Kohlrabi, ein wenig geraffelte Karotte und den geschnittenen Sellerie. Die Radieschen putzen und in Scheiben schneiden oder dekorativ schneiden und so zum Salat geben.
Ein Salatdressing aus Öl, Zitronensaft und Salz zubereiten und über den Salat verteilen.
Den Sesam in eine trockene heiße Pfanne geben, bis die ersten Samen springen, sofort auf einen Teller geben und auskühlen lassen. In einem Mörser zerstoßen oder in einem kleinen Mixer zerkleinern.
Den Salat mit dem Sesam bestreuen, Oliven dazugeben und evtl. mit Zwiebelringen garnieren.
Variation: Sesam und Oliven weglassen, statt dessen mit dünnen Parmesankäsescheibchen servieren.

Wildkräutersalat

1 Büschel Löwenzahnblätter
1 Büschel Brennesselspitzen
1 Büschel Brunnenkresse
1 Büschel Sauerampferblätter
10 Stück Gänseblümchenblüten
kaltgepreßtes Olivenöl
Saft einer unbehandelten Zitrone oder Obstessig
1 gekochtes Ei
Vollmeersalz
frisch gemahlener Pfeffer

Löwenzahn putzen, waschen und teilen, Brennesselspitzen waschen und größere Blätter abpflücken (holzige Teile nicht verwenden); Brunnenkresse und Sauerampferblätter ebenfalls waschen, gut abtropfen lassen und die größeren Blätter abzupfen. Dann alle Wildkräuter in eine Salatschüssel geben. Eine Marinade aus Öl, Zitronensaft, feingehacktem Ei und Salz zubereiten, über den Salat gießen, vorsichtig vermischen, mit frischgemahlenem Pfeffer abschmecken und darüber die Gänseblümchen (Blütenköpfchen) verteilen.
Variation: 2 gekochte Kartoffeln, in Würfel oder Scheiben geschnitten, dazugeben.
NB: Die Wildkräuter sollten nicht in konventionell angebauten Obstwiesen gesammelt werden!
Zum Pflücken der Brennesseln evtl. Handschuhe tragen; einmal abgeschnitten und gewaschen, »brennen« sie nicht mehr.

Griechischer Salat

1 mittlerer Kopf grünen Salats
2 Tomaten
1 Salatgurke
1 gelber Paprika
1 Zwiebel in Ringe geschnitten
einige schwarze griechische Oliven
Saft einer unbehandelten Zitrone oder Obstessig
etwas Origano oder frischer Basilikum
evtl. Vollmeersalz
100 g griechischer Schafskäse (Feta)

Salat waschen, gut abtropfen und in Stücke aufreißen. Tomaten waschen und achteln oder in große Würfel schneiden. Gurke waschen und in nicht zu dünne Scheiben schneiden. Peperoni putzen, waschen und in Streifen schneiden. Alle Zutaten in eine Salatschüssel geben.
Eine Marinade aus Olivenöl, Zitronensaft, Origano (Basilikum) und Salz zubereiten und über den Salat gießen. Mit Zwiebelringen garnieren.

In den Frischgemüsen
birgt sich eine viel zuwenig
bekannte, erstaunliche
Heilkraft gegen ein ganzes
Heer der verbreitetsten
Krankheiten. Mit den rohen
Früchten zusammen
bilden die Rohgemüse
die einzige
dastehende Heilnahrung.

Max Bircher-Benner

Bild rechts:
Griechischer Salat siehe links

Olives

Dorfsalat

2 gekochte Kartoffeln
2 Bund Radieschen
1 säuerlicher Apfel (Reinette)
1 kleiner Krautkopf
150 g griechischer Schafkäse (Feta) oder in Würfel geschnittener Schweizer Emmentaler
3 Eßl. gehackte Zwiebel
2 Eßl. entsalzte, feingehackte Kapern
Saft einer unbehandelten Zitrone
kaltgepreßtes Olivenöl
Vollmeersalz
zum Garnieren: einige Salatblätter und 4–5 Walnüsse

Apfel waschen und in kleine Würfel schneiden. Die gekochten Kartoffeln schälen und auch in kleine Würfel schneiden. Die Radieschen und den Krautkopf putzen, waschen und fein aufschneiden. Alle geschnittenen Zutaten in eine Schüssel geben, die entsalzten Kapern (Salzkapern gut waschen, mindestens 12 Stunden in Wasser legen, evtl. öfters das Wasser wechseln; gut ausdrücken und dann fein hacken) dazugeben und alles gut mischen. Eine Marinade aus Zitronensaft, Olivenöl und Salz zubereiten und den Salat damit abschmecken.
Den Käse in Würfel schneiden und vorsichtig unterheben. Eine Salatschüssel mit Salatblättern auslegen, den Dorfsalat hineingeben und mit Walnußstückchen garnieren.

Grünkernsalat

1 Tasse Grünkern
knapp 2 Tassen Wasser
Vollmeersalz
je 1 roter und gelber Peperone
1 Porreestange oder 1 frische Zwiebel
Majoran
kaltgepreßtes Olivenöl
Obstessig
eventuell etwas feingeschnittener Käse und einige schwarze Oliven

Den Grünkern in einem Sieb unter fließendem Wasser waschen; mit der oben angegebenen Wassermenge in einem zugedeckten Kochtopf zum Kochen bringen und auf kleiner Flamme 20 Minuten köcheln lassen, salzen und noch weitere 10 Minuten fertiggaren. Den Kochtopf von der Feuerstelle nehmen und zugedeckt 15 Minuten ausquellen lassen; abdecken und auskühlen lassen.
Das Gemüse putzen, waschen und in kleine Würfel schneiden, mit dem gekochten, ausgekühlten Grünkern mischen und mit Öl, Essig, Majoran und Salz abschmecken.
Variation: Den Käse in kleine Würfel schneiden, unter den Salat mischen und mit einigen Oliven garnieren.

Gesundheit ist nicht alles,
aber alles ist nichts
ohne Gesundheit.

Arthur Schopenhauer

Bild rechts von links nach rechts:

1. Reihe: Weizen · Roggen · Sprießkorngerste
2. Reihe: Dinkel · Grünkern
3. Reihe: entspelzter Hafer · Vollkornreis
4. Reihe: Mais · Hirse · Buchweizen (geschält)
5. Reihe: grüne Soja · rote Soja
6. Reihe: Kichererbsen · Linsen · verschiedene Bohnen

Rohe Getreidespeisen

Frischkornbrei oder »Müsli« nach Professor Kollath

Grundrezept:
Zutaten pro Person
60 g Getreidesorten (ca. 3 Eßl.)
ca. 60–80 g kaltes Wasser zum Einweichen
Saft einer halben unbehandelten Zitrone
1 mittelgroßer geriebener Apfel und
ca. 125 g verschiedenes Obst der Jahreszeit
abwechselnd verschiedene Fettsamen wie: Haselnüsse, Walnüsse, Sonnenblumenkerne, Leinsamen usw. dazugeben
Nach Geschmack: Vanille oder Zimt oder Karobe, Zitronenschale usw.
1 Eßl. halbgeschlagene Sahne zur Verfeinerung

NB: Hafer entweder als ganzes Korn einweichen oder, was auch für die Hirse gilt, kurz vor dem Anrichten fein schroten und zusammen mit dem anderen Getreide unter das Obst mischen.

Zubereitung:
5 bis 8 Stunden vor dem Verzehr das Getreide schroten und mit der angegebenen Wassermenge übergießen, zugedeckt stehenlassen.
Zitrone pressen; den Apfel waschen und nicht zu fein reiben, sofort mit Zitronensaft vermengen; das andere Obst waschen und nach Belieben klein oder grob schneiden und mit dem eingeweichten Getreide vermischen. Nüsse fein oder grob zerkleinern und zusammen mit dem Gewürz dazugeben und alles gut verrühren.
Zum Schluß evtl. noch zur Verfeinerung die geschlagene Sahne dazugeben.

Bild rechts:
Mitte oben: Gekeimtes Getreide mit Obst Seite 27
unten links: Kiwi-Orangen-Frischkornbrei Seite 26
unten rechts: Erdbeer-Bananen-Frischkornbrei Seite 26

Kiwi-Orangen-Frischkornbrei

1 Eßl. Vollkornweizen
1 Eßl. Vollkornroggen
1 Eßl. Vollkornreis
ca. 60 g Wasser
1 mittlerer Apfel
1 kleine »Clementine«
1 Orange, ½ Banane, 1 Kiwi
1 Eßl. geriebene Haselnüsse
1 Eßl. halbgeschlagene Sahne
1 Messerspitze Naturvanille

Getreide schroten, das Wasser dazugeben, umrühren und mindestens 5 Stunden zugedeckt stehenlassen.
Den Apfel waschen und nicht zu fein raffeln, die Orange auspressen, den Saft und das Fruchtfleisch zum Apfel geben, die Clementine schälen und in Stücke teilen; die Banane in Scheibchen schneiden. Den Kiwi schälen und kleinschneiden. Das geschnittene Obst mit dem eingeweichten Getreide und den geriebenen Haselnüssen mischen und mit Vanille würzen. Mit Sahne verfeinern.

Trauben-Feigen-Frischkornbrei

3 Eßl. Vollkorndinkel
½ Eßl. geschälter Buchweizen
ca. 80 g Wasser
1 mittlerer Apfel
1 Eßl. Saft einer unbehandelten Zitrone
½ Feige
einige blaue und einige weiße Traubenkerne
2 Pflaumen
1 Messerspitze Zimtpulver
1 Teel. zerstoßener Leinsamen
1 Eßl. geschlagene Sahne

Dinkel schroten und mit dem ganzen Buchweizen in einem Schüsselchen mit dem Wasser einweichen. Mindestens 5 Stunden zugedeckt stehenlassen. Den Apfel waschen und nicht zu fein raffeln, sofort mit Zitronensaft beträufeln. Die Feige und die Pflaumen in kleine Würfel schneiden und mit den Traubenkernen zum Apfel geben. Mit Zimt und Leinsamen würzen. Das Getreide dazumischen und mit Sahne verfeinern.

Erdbeer-Bananen-Frischkornbrei

1 Eßl. Vollkornhafer
1 Eßl. Vollkornweizen
1 Eßl. Vollkorngerste
ca. 60 g Wasser
1 Eßl. Saft einer unbehandelten Zitrone
1 mittlerer Apfel
1 kleine Banane, ca. 60 g Erdbeeren
1 Messerspitze Naturvanille
1 Teel. Pinienkerne
1 Eßl. Sahne

Weizen und Gerste schroten, zusammen mit dem ganzen Hafer in ein kleines Schüsselchen geben und das Wasser darübergießen. Zugedeckt mindestens 5 Stunden stehenlassen.
Apfel waschen und raffeln, sofort mit Zitronensaft beträufeln und mit der feingeschnittenen Banane und dem eingeweichten Getreide vermischen. Mit Vanille würzen. Die Erdbeeren waschen und in Stücke schneiden, nur leicht mit dem Müsli vermengen und mit geschlagener Sahne garnieren. Die Pinienkerne darüberstreuen.

Melonen-Pfirsich-Frischkornbrei

1 Eßl. Vollkornweizen
1 Eßl. Vollkornroggen
1 Eßl. Vollkornhirse
ca. 60 g Wasser
1 mittlerer Apfel
1 Eßl. Saft einer unbehandelten Zitrone
1 Stückchen Banane
1 Stückchen Honigmelone
½ Pfirsich, 6–8 Himbeeren
einige Sonnenblumenkerne

Weizen und Roggen schroten und mit dem Wasser vermengen; zugedeckt mindestens 5 Stunden stehenlassen.
Apfel waschen und nicht zu fein raffeln, mit Zitronensaft beträufeln. Die Banane mit einer Gabel zerdrücken und dazugeben. Die Melone und den Pfirsich in kleine Würfel schneiden und mit dem anderen Obst mischen. Die Hirse schroten, zusammen mit dem eingeweichten Getreide und den Sonnenblumenkernen unter das Obst mischen. Mit Sahne und den Himbeeren garnieren.

Gekeimtes Getreide mit Obst

Zutaten pro Person
3 Eßl. Getreide (Weizen, Roggen, Gerste ...)
Obst je nach Jahreszeit
Nüsse oder Ölsamen (Sesam, Leinsamen ...)

Getreide gut waschen und über Nacht einweichen. Am Morgen in ein Sieb geben und unter fließendem Wasser waschen. Während des Tages nur feucht halten, nachts mit Wasser abdecken und am Morgen wieder in einem Sieb unter fließendem Wasser waschen und feucht halten wie am Vortag.
Am dritten Tag beginnt das Korn bereits zu keimen, und so ist es am wertvollsten. Hat man Schwierigkeiten mit dem Kauen, zerkleinert man das angekeimte Getreide. Vor dem Verzehr gibt man etwas kleingeschnittenes Obst der Jahreszeit (Apfel, Birne, Pfirsich...) und Ölfrüchte dazu und vermischt das Ganze.

Die Ernährung
ist nicht das Höchste im Leben,
aber sie ist der Nährboden,
auf dem das Höchste
gedeihen oder verderben kann.

Max Bircher-Benner

Rohes Getreide »Würzig«

Zutaten pro Person
3 Eßl. Getreide: Weizen, Gerste, Hafer oder Roggen
3 große schwarze griechische Oliven
1 kleine Tomate
einige Blätter Basilikum
kaltgepreßtes Olivenöl
etwas Saft einer unbehandelten Zitrone

Getreide ankeimen lassen, wie es im nebenstehenden Rezept beschrieben ist. Nachdem man das Getreide nochmals in einem Sieb unter fließendes Wasser gehalten hat, läßt man es gut abtropfen, gibt es in eine kleine Schüssel und mischt es mit den kleingeschnittenen Oliven und der in kleine Würfel geschnittenen Tomate. Darüber träufelt man etwas Öl und Zitronensaft und dekoriert das Ganze mit einigen Basilikumblättern.

Hafersalat

für 3–4 Personen
1 Tasse Hafer
1 kleine Karotte
1 Stange Bleichsellerie
1 Stückchen Porreestange
¼ Bund Petersilie
½ Eßl. Kapern
kaltgepreßtes Olivenöl
Saft einer unbehandelten Zitrone
evtl. feingeschnittener Schweizer Emmentaler (Rohmilchkäse)

Den Hafer waschen und 24 Stunden einweichen, alle übrigen Zutaten fein raffeln oder sehr klein schneiden und unter den nochmals durchgewaschenen und gut abgetropften Hafer mischen, mit Öl, gehackten Kapern und Zitronensaft abschmecken und eventuell den in feine Würfel geschnittenen Käse dazugeben.

Tomaten mit Roggenfüllung und Roggennocken mit roher Tomatensauce siehe unten

Roggennocken oder Roggen als Füllung

Tasse Roggen
1 Bund Petersilie
1 Knoblauchzehe
1 Bund Basilikum
1 Eßl. Kapern
kaltgepreßtes Olivenöl
1 Eßl. geriebener Parmesankäse
1 Tomate pro Person

Roggen waschen und mindestens 24 Stunden einweichen. Roggen in einem Sieb richtig durchwaschen, gut abtropfen lassen und in einem Mixer zerkleinern, evtl. etwas Öl dazugeben; sodann die Kräuter, Kapern, Knoblauch ebenfalls mit etwas Olivenöl mixen, mit dem Roggen mischen und mit geriebenem Parmesan abschmecken.
Diese Roggenmasse kann auf verschiedene Weise serviert werden:
1. Man formt mit Hilfe von zwei Eßlöffeln kleine Nocken, legt eine Nocke auf einen Dessertteller und dekoriert mit einigen Tomatenscheiben.
2. Diese Nocken kann man mit einer rohen Tomatensauce servieren (Rezept nebenstehend).
3. Man höhlt die Tomaten aus und füllt sie mit der Roggenmasse.

Rohe Tomatensauce

5–6 reife Eiertomaten (San Marzano)
3 Stück getrocknete in Öl gelegte Tomaten
Origano
Knoblauch
Vollmeersalz
kaltgepreßtes Olivenöl
frisch gemahlener Pfeffer
eine Prise Cayennepfeffer

Die Tomaten waschen, in Würfel schneiden und passieren. Die getrockneten Tomatenstücke etwas aufschneiden und in einem kleinen Mixer (Kräutermixer) mit etwas Öl und Knoblauch fein mixen. Alles zusammenmischen und mit Salz, Pfeffer, Origano und Cayennepfeffer und Olivenöl abschmecken. Mindestens 1 Stunde kalt stellen.

Suppenwürze

2 Karotten
½ grüner Sellerie
3 kleine Stangen Liebstöckl oder »Maggikraut«
3 Porree, 1 Bund Petersilie
1 Eßl. Vollmeersalz
kaltgepreßtes Olivenöl

Die Karotten bürsten, das andere Gemüse waschen und

gut abtropfen. Alles zerkleinern und in einem Mixer mit etwas Öl pürieren und salzen. Diese Suppenwürze füllt man in ein Glas und deckt mit Öl ab. Im Kühlschrank aufbewahren.
Die Mischung kann für Suppen und Saucen sowie Getreidegerichte verwendet werden.

NB: Für diese Zubereitung sollte wenn möglich Gemüse aus biologischem Anbau verwendet werden.

Gemüsesuppe – »Minestrone«

Gemüse:
1 Stange Sellerie
2 Karotten
1 Stückchen Wirsing
250 g grüne Bohnen
1 Porree
1 Stück Blumenkohl
1 Zucchini
1 Kartoffel
1–2 Tomaten
1 kleine Zwiebel
evtl. 1 Eßl. Suppengewürz
1 Eßl. Butter oder kaltgepreßtes Olivenöl
1¼ l Wasser
120 g kleine Vollkornnudeln oder
80 g geschroteter Grünkern
gehackte Petersilie oder feingeschnittener Schnittlauch
2 Eßl. Parmesankäse

Das Gemüse waschen, bürsten (nicht schälen), in mittelgroße Würfel schneiden und mit dem Wasser in einem zugedeckten Kochtopf zum Kochen bringen, salzen und das Suppengewürz dazugeben und ca. 15 Minuten köcheln lassen, dann die Nudeln dazugeben und weitere 5 Minuten zugedeckt köcheln, sowie ca. 10 Minuten ausquellen lassen.
Gibt man geschrotetes Getreide dazu, wird die Suppe nach dem Einrühren desselben vom Feuer genommen und zugedeckt. Dann läßt man die Suppe noch mindestens 10 Minuten ausquellen.
Vor dem Servieren gibt man die Butter dazu und garniert mit Parmesan und feingehackter Petersilie.

Bohnensuppe

300 g kleine weiße, getrocknete Bohnen
1½ l Wasser
2 Zwiebeln
2 Stangen Sellerie
1 Porree
1 Karotte
1–2 Peperoni
3 Eßl. kaltgepreßtes Olivenöl
6–8 Tomaten
3 getrocknete Tomaten in Öl
oder 2 Eßl. konzentrierte Tomaten
40 g feinstgemahlener Grünkern
1 Eßl. Tamari (Sojasauce)
1 Eßl. Suppenwürze (Rezept Seite 29)
Vollmeersalz
Pfeffer aus der Mühle
1 Messerspitze Cayennepfeffer

Bohnen mindestens 12 Stunden einweichen und hernach ca. 1 Stunde leicht kochen lassen.
Die Trockentomaten klein schneiden und in einem kleinen Mixer pürieren. Das Gemüse putzen und waschen, die Karotten, die Zwiebeln, den Sellerie, den Porree und die Peperoni fein schneiden. Die Tomaten klein schneiden und zusammen mit dem feingeschnittenen Gemüse und den gemixten bzw. konzentrierten Tomaten in etwas Olivenöl langsam dünsten, das Grünkernmehl einrühren und die gekochten Bohnen samt Kochwasser dazugeben. Alles zusammen aufkochen lassen. Die Suppe mit Suppenwürze, Salz, Pfeffer, Cayennepfeffer und Tamari abschmecken.

Kartoffelsuppe

5 mehlige Kartoffeln
1 l Wasser
1 Eßl. Vollkorn-Reismehl
1 Eßl. Suppenwürze (Rezept Seite 29)
oder ½ Karotte, 1 Stange Sellerie, 1 Stückchen Porree
1 Teel. Kümmel
etwas Weinessig
Vollmeersalz
Majoran
1 Lorbeerblatt

Kartoffeln gut waschen und bürsten; eine größere oder zwei kleinere Kartoffeln an den Rändern abkanten und in zierliche Würfel schneiden, diese in Salzwasser mit Kümmel weichkochen. Die »Kartoffelabfälle« und die restlichen Kartoffeln klein schneiden in einen Suppentopf geben, das Suppengewürz, das Lorbeerblatt und 1 l Wasser dazugeben, salzen und 20 Minuten köcheln lassen. Sodann das Lorbeerblatt herausnehmen und alles passieren. Noch einmal aufkochen lassen, den Eßlöffel Reismehl dazurühren und 10 Minuten zugedeckt quellen lassen. Mit Majoran und Essig abschmecken. Die mit Kümmel gekochten Kartoffelwürfel als Suppeneinlage dazugeben und heiß servieren.

Vollkorn-Gerstsuppe

1 Tasse Vollkorngerste (Nacktgerste)
2 Karotten
2 kleine Porree
2 Stangen Sellerie
1 Kartoffel
Vollmeersalz
2 Lorbeerblätter
1 Eßl. Butter oder 2 Eßl. kaltgepreßtes Olivenöl
geriebener Parmesankäse
evtl. gehackte Petersilie

Gerste waschen und mit 5 Tassen Wasser über Nacht einweichen. Am Morgen mit dem Einweichwasser und

Bild rechts:
oben: Kartoffelsuppe siehe oben
Mitte: Bohnensuppe siehe Seite 30
unten: Vollkorn-Gerstsuppe siehe oben

den Lorbeerblättern ca. 30 Minuten langsam zugedeckt köcheln lassen. Vom Feuer nehmen und mindestens 3 Stunden zugedeckt quellen lassen.
Ca. ½ Stunde vor dem Essen das geputzte und feingeschnittene Gemüse mit wenig Wasser weichdünsten; zu der inzwischen gequollenen Gerste geben und salzen. Wer es lieber sämig hat, kann einen Teil pürieren, mit etwas Butter und Parmesan abschmecken und vor dem Servieren evtl. mit Petersilie bestreuen.

Gemüsekremsuppe

1 kleine Kartoffel
1 Porree
1 Karotte
2 Stangen Sellerie
Vollmeersalz
1 l Wasser
Sauerrahm (oder Süßrahm)
Parmesan
Muskat
Pfeffer aus der Mühle
evtl. feingeschnittener Schnittlauch

Gemüse putzen, waschen, bürsten (nicht schälen) und in Würfel schneiden. Mit dem Wasser und Salz aufsetzen und auf kleiner Flamme ca. 20 Minuten köcheln lassen. Das ganze Gemüse pürieren und mit Sahne, Parmesan, Muskat und Pfeffer abschmecken, mit Schnittlauch garnieren.

Linsensuppe

200 g kleine Linsen
1,3 l Wasser
1 Porree
2 Stangen Sellerie
2 Karotten
1 Zwiebel
1–2 Kartoffeln
2 Lorbeerblätter
2 Salbeiblätter
3 Blätter Liebstöckl (Maggikraut)
etwas Rosmarin, Basilikum, Thymian und Origano
2 Teel. Butter oder kaltgepreßtes Olivenöl
2 Eßl. Essig (Obst- oder Weinessig)
Vollmeersalz

Die Linsen waschen und über Nacht einweichen. Vor dem Kochen noch einmal in ein Sieb geben und unter fließendem Wasser durchwaschen; in einem Kochtopf mit der angegebenen Wassermenge und den Trockenkräutern zum Kochen bringen; ca. 15 Minuten leicht kochen lassen.
In der Zwischenzeit das Gemüse putzen, waschen, bürsten (nicht schälen) und fein schneiden. Die Kartoffeln bürsten und mit einer Gemüseraffel reiben.
Das Gemüse zu den Linsen geben, salzen und weitere 15 Minuten köcheln lassen.
Verwendet man frische Küchenkräuter, werden diese feingehackt und erst kurz vor Ende der Garzeit hinzugefügt.
Mit Butter oder Öl und Essig abschmecken.

Broccolikremsuppe

500 g Broccoli
1 l Wasser
4 Eßl. Vollreismehl
4 Eßl. Sahne
oder 2 Eßl. Butter
etwas Muskat
1 kleine Knoblauchzehe
evtl. 1 Eßl. Suppenwürze
Salz
2 Eßl. geriebener Parmesan

Broccoli putzen, waschen und 15 Minuten dämpfen oder in nur ganz wenig Wasser weichdünsten. Als Suppeneinlage einige Blütenteile nach ca. 5 Minuten Kochzeit herausnehmen.
1 l Wasser (evtl. das Gemüsewasser dazugeben) zum Kochen bringen, salzen, die Suppenwürze dazugeben und das Reismehl einstreuen, kurz aufkochen lassen, vom

Bild rechts:
Broccolikremsuppe siehe oben
Linsensuppe siehe links

Feuer nehmen und zugedeckt 10 Minuten quellen lassen. In der Zwischenzeit die weichgedünsteten Broccoli passieren und zum gequollenen Reismehl geben; mit Muskat, Knoblauch, Butter sowie Sahne und evtl. Parmesan abschmecken.
Die nicht zu weichen Blüten in eine Suppentasse geben, mit Kremsuppe auffüllen und mit Parmesan bestreuen.

Champignonkremsuppe

500 g frische Champignons
1 l Wasser
1 Eßl. Suppenwürze (Rezept Seite 29)
oder 1 l Gemüsewasser
4 gut gehäufte Eßl. feingemahlenes Vollkorn-Reismehl
5 Eßl. Sahne
evtl. 2 Eßl. geriebener Parmesan
Vollmeersalz
Muskat
Schnittlauch zum Garnieren

Champignons putzen, waschen und blättrig schneiden. 100 g geschnittene Champignons zurückbehalten, die restlichen Champignons mit ¼ l Wasser 10 Minuten dünsten, salzen und fein passieren. ¾ l Wasser zum Kochen bringen, die Suppenwürze und das feingemahlene Reismehl dazugeben und gut verrühren. Kurz aufkochen lassen, von der Kochstelle nehmen und zugedeckt 10 Minuten quellen lassen. Nun die passierten Champignons darunterrühren und mit Sahne, etwas Parmesan und Muskat abschmecken. Die 100 g rohen, blättrig geschnittenen Champignons als Suppeneinlage dazugeben. Vor dem Servieren mit Schnittlauch garnieren.

Porreekremsuppe

4 große Porreestangen
¾ l Gemüsewasser oder Wasser
5 Eßl. Vollkorn-Weizenmehl oder Vollkorn-Reismehl
¼ l Wasser
Tamari oder Suppenwürze (Rezept Seite 29)
Muskat
Vollmeersalz
4 Eßl. Sauerrahm (oder Süßrahm)
etwas geriebener Parmesankäse

Porreestangen in der Mitte durchschneiden und gut waschen. In Scheiben schneiden, mit ¾ l Wasser weichdünsten und dann mit einem Mixstab pürieren.
Das frischgemahlene Mehl mit dem ¼ l Wasser verrühren, zum pürierten Porree geben, dann die Suppenwürze dazugeben und gut verrühren. Salzen und kurz aufkochen lassen. Zugedeckt ca. 10 Minuten quellen lassen. Mit Muskat und evtl. Tamari würzen.
Vor dem Servieren mit Rahm und Parmesan abschmecken.

Kürbiskremsuppe

600 g Kürbis
1 l Gemüsewasser oder
Wasser und 1 Eßl. Suppenwürze (Rezept Seite 29)
1 Teel. Curry
Vollmeersalz
100 g Sahne
oder 2 Eßl. Butter oder kaltgepreßtes Olivenöl
3 Eßl. Parmesankäse
2 Eßl. gehackte Petersilie

Kürbis putzen, in Würfel schneiden, mit 1 l Gemüsewasser zum Kochen bringen und auf kleiner Flamme weichkochen. Mit einem Mixstab pürieren oder passieren, mit Curry und Salz würzen und mit Sahne (bzw. Butter oder Öl) und Parmesan abschmecken.
Vor dem Servieren mit geriebenem Parmesan und gehackter Petersilie bestreuen.

Spinat-Reis-Suppe

400 g Spinat
50 g fein gemahlener Vollkornreis
100 g Vollkornreis
ca. 1¼ l Gemüsewasser oder Wasser
Knoblauch
evtl. etwas Tamari
Vollmeersalz
Muskatnuß
eine Prise Cayennepfeffer
4 Eßl. geriebener Parmesan
1 Eßl. Butter
4 Eßl. Schlagsahne

Den Reis waschen und mit ¾ l Wasser zugedeckt zum Kochen bringen, auf kleiner Flamme ca. 30 Minuten köcheln lassen.
In der Zwischenzeit den Spinat waschen und ca. 8 Minuten dämpfen, passieren. ½ l Wasser aufkochen, evtl. Spinatwasser verwenden, das Reismehl einrühren und sofort mit dem gekochten Reis und dem passierten Spinat mischen. Salzen und nach Belieben mit Knoblauch, Muskat, Cayennepfeffer und Tamari würzen, mit Parmesan und Butter abschmecken und evtl. mit einem kleinen Häubchen Schlagsahne servieren.
Variation: Ein Teil des Spinats kann auch mit jungen Brennesselspitzen ersetzt werden.

Bild rechts:
oben: Porreekremsuppe Seite 34
Mitte: Kürbiskremsuppe Seite 34
unten: Spinat-Reis-Suppe siehe oben

Gekochte Getreide- und Gemüsegerichte

Hafer (Reis) mit Tomaten

2 Tassen Vollkornhafer (oder Vollkornreis)
3 Tassen Wasser
3–4 reife Tomaten oder eine Tasse passierte Tomaten
1 Teel. Origano
2 Lorbeerblätter
1 Knoblauchzehe
Vollmeersalz
Parmesankäse
kaltgepreßtes Olivenöl oder Butter

Den Hafer waschen und mit der angegebenen Menge Wasser, den würfelig geschnittenen oder passierten Tomaten und den Gewürzen (Lorbeer und Origano) in einem zugedeckten Kochtopf zum Kochen bringen, auf kleiner Flamme ca. 25 Minuten köcheln lassen; salzen und weitere 5 Minuten fertiggaren. Vom Feuer nehmen und zugedeckt mindestens 10 Minuten ausquellen lassen.
Vor dem Servieren mit Olivenöl beträufeln oder einige

Butterflöckchen daraufgeben und mit Parmesankäse bestreuen.
Zur Abwechslung kann man anstatt Lorbeer auch Salbei, Rosmarin oder Majoran verwenden.

Gefüllte Tomaten

8 Tomaten (2 Tomaten pro Person)
1 Tasse Vollkornreis
2 Tassen Wasser
Vollmeersalz
1 Eßl. gehackte Petersilie
etwas Majoran oder Basilikum
evtl. einige entsalzte Kapern
je Tomate eine kleine Scheibe Mozzarella oder Emmentaler
1 große oder 2 kleine Melanzane (Auberginen)
Origano
Knoblauch
kaltgepreßtes Olivenöl
Zum Garnieren evtl. einige Basilikumblättchen

Den Reis mit der angegebenen Wassermenge in einem zugedeckten Kochtopf zum Kochen bringen, langsam 20 Minuten köcheln lassen, salzen und weitere 10 Minuten fertiggaren. Zugedeckt 10 Minuten ausquellen lassen.
Die Tomaten waschen, den Deckel abschneiden und mit einem Löffelchen das Fruchtfleisch herausnehmen.
Die Auberginen waschen, putzen (nicht schälen) und in feine Würfel schneiden.
Das Tomatenfleisch ebenfalls zerkleinern und zusammen mit den Melanzanewürfeln, Origano, Salz sowie etwas kaltgepreßtem Olivenöl weichdünsten.
In der Zwischenzeit den gekochten Reis mit gehackter Petersilie und Majoran und den gehackten Kapern würzen. Die ausgehöhlten Tomaten damit füllen; diese in eine feuerfeste Form stellen, die Käsescheibe darauf legen und ins bereits auf 180 °C vorgeheizte Rohr schieben.
Nach ca. 10 Minuten herausnehmen, der Käse sollte nur etwas schmelzen, und die Tomaten sollten noch schön fest sein.
Die Auberginensauce wird auf vier vorgewärmte, flache Teller aufgeteilt, dann stellt man je zwei überbackene Tomaten in die Mitte und garniert mit einem Basilikumblättchen.

Salatkombination: Blumenkohl mit Peperoni Seite 8 · Gefüllte Tomaten Seite 36 · Linzer Torte Seite 80

Hirsering

1½ Tassen Hirse
3 Tassen Wasser
4 Eßl. gehackte Petersilie
3 Eßl. Parmesankäse (oder etwas Nährhefe)
kaltgepreßtes Olivenöl oder Butter
Vollmeersalz

Hirse gut waschen, mit der angegebenen Menge Wasser und etwas Salz in einem zugedeckten Kochtopf zum Kochen bringen und 10 Minuten leicht kochen lassen. Vom Feuer nehmen und zugedeckt 10 Minuten ausquellen lassen, sodann abdecken und etwas auskühlen lassen. Olivenöl (bzw. Butter), Reibkäse und feingehackte Petersilie gut unter die Hirse mischen.
Eine Ringform ausfetten, die Hirse hineingeben, etwas andrücken und auf einen vorgewärmten Teller stürzen.

Mit Gemüse-Allerlei oder mit Karotten-Erbsen-Gemüse servieren.

Karotten mit Erbsen

300 g Karotten
300 g frische Erbsen
2 Eßl. gehackte Zwiebel
kaltgepreßtes Olivenöl oder Butter
Vollmeersalz

Die Karotten bürsten, waschen (nicht schälen) und in Scheiben oder Würfel schneiden. Die Erbsen aus den Hülsen nehmen, waschen und mit den Karotten in einem zugedeckten Kochtopf mit wenig Wasser 15 Minuten weichdünsten. Am Ende der Garzeit salzen, die feingehackte Zwiebel und das Olivenöl oder die Butter dazugeben und etwas ziehen lassen.

Variation: Feingehackte Rosmarinnadeln oder Salbeiblätter zusammen mit der Zwiebel zum Gemüse geben.

Bild rechts:
Hirsering und Karotten mit Erbsen

Gemüse-Allerlei

2 gelbe oder rote Peperoni
2–3 Zucchini
1 Melanzane
4 mittlere reife Tomaten oder
500 g passierte Tomaten
Kräutermischung: Origano, Salbei, Rosmarin, Thymian usw.
kaltgepreßtes Olivenöl oder Butter
Vollmeersalz

Das Gemüse putzen, waschen, die Peperoni in breite Streifen, die Melanzane, die Zucchini und die Tomaten in Würfel schneiden. Das geschnittene Gemüse wird nun gesalzen, mit den Trockenkräutern gewürzt und ca. 15–20 Minuten gedünstet.
Werden frische Kräuter verwendet, so werden diese am Ende der Garzeit feingehackt dazugegeben.
Vor dem Servieren mit Olivenöl oder Butter abschmecken.

Broccoli gedämpft mit Béchamelsauce

600 g Broccoli
Vollmeersalz

Broccoli putzen, waschen und in einem Einsatz mit nur wenig Wasser ca. 10 Minuten dämpfen.
Die nicht zu weichen Broccoli auf eine warme Servierplatte geben, etwas salzen und mit einer Béchamelsauce oder Käsesauce reichen (siehe Grundrezept).

Roggennocken

150 g grob geschroteter Vollkornroggen
300 g Wasser
2 kleine Porreestangen
Vollmeersalz
etwas Kümmel
2 Eßl. feingehackte Petersilie
etwas Majoran
etwas Butter oder kaltgepreßtes Olivenöl

Die Porreestangen der Länge nach halbieren, waschen und sehr fein schneiden.
Das Wasser zum Kochen bringen, salzen und den geschroteten Roggen, den Kümmel und den feingeschnittenen Porree einrühren. Vom Feuer nehmen und zugedeckt ca. 15 Minuten quellen lassen. Sodann Butter und Petersilie dazugeben.
Mit Hilfe zweier Löffel Nocken formen und auf eine bereits vorgewärmte Servierplatte geben.
Zu diesen Nocken kann man z.B. Sauerkraut oder verschiedenes gedünstetes Gemüse servieren, aber auch mit einer Béchamelsauce schmecken sie fein.

Variation: Außer Porree kann auch anderes feingeschnittenes Gemüse dazugegeben werden, wie Karotten, Sellerie, Zucchini usw. ...

Béchamelsauce – Grundrezept

½ l Milch oder Wasser
ca. 60–80 g feingemahlenes Vollkorn-Reismehl oder Vollkorn-Hartweizenmehl
4 Eßl. Rahm, falls Milch verwendet wird,
falls aber Wasser als Grundmenge verwendet wird, nimmt man 150 g Rahm
Vollmeersalz
Muskat
evtl. etwas frischgemahlener Pfeffer

Das Reismehl in die Flüssigkeit einrühren und zum Kochen bringen, dabei immer wieder umrühren, salzen, nur ganz kurz aufkochen lassen, sodann vom Feuer nehmen und 10 Minuten zugedeckt ausquellen lassen. Mit Muskat und Rahm abschmecken.

NB: Je nach Belieben kann diese Grundsauce für die Zubereitung von anderen Saucen verwendet werden.

Bild rechts:
Roggennocken siehe links
Broccoli gedämpft siehe links
Béchamelsauce siehe oben

Käsesauce

½ Menge Béchamelsauce (siehe Grundrezept Seite 40)
je 30 g geriebener Parmesan, Emmentaler, Appenzeller
evtl. 1 Bund Schnittlauch

Béchamelsauce nach Grundrezept zubereiten, sodann den geriebenen Käse unterrühren und mit feingeschnittenem Schnittlauch dekorieren.

Gorgonzolasauce

½ Menge Béchamelsauce (siehe Grundrezept Seite 40)
50 g Gorgonzola und 50 g Roquefort
Muskat
Vollmeersalz

Béchamelsauce nach Grundrezept zubereiten, sodann den kleingeschnittenen oder pürierten Käse dazugeben und mit Muskat abschmecken.

Porree überbacken

5 Porree
1 feingehackte Knoblauchzehe
3 Eßl. Parmesan
Muskatnuß, kaltgepreßtes Olivenöl oder Butter
Vollmeersalz
1 Eßl. gehackte Petersilie
Béchamel zum Bedecken:
200 g Wasser
1 Eßl. Vollkorn-Reismehl
Parmesan
Muskat
3 Eßl. Rahm
Vollmeersalz
Béchamel nach Grundrezept zubereiten

Porree putzen, der Länge nach halbieren und waschen. In einem Einsatz ca. 8 Minuten dämpfen.

Der feingehackte Knoblauch wird unter die Béchamelsauce gemischt. Den Porree abtropfen lassen und in eine feuerfeste, gefettete Form legen. Mit Béchamel zudecken, mit Parmesan bestreuen und mit Olivenöl beträufeln oder mit Butterflocken belegen.
Im vorgeheizten Backrohr 20 Minuten bei 180 °C überbacken.
Vor dem Servieren mit gehackter Petersilie garnieren.

Gemüsereis (Gemüsehafer)

1 Tasse Reis (Hafer)
2 Tassen Wasser
600–700 g kleingeschnittenes Gemüse der Jahreszeit: Karotten, Zucchini, Sellerie, Kürbis, Blumenkohl...
Vollmeersalz
etwas Butter
Curry
Parmesan
1 Bund Petersilie

Den Reis (Hafer) waschen und mit der angegebenen Menge Wasser in einem zugedeckten Kochtopf zum Kochen bringen; auf kleiner Flamme ca. 20 Minuten köcheln lassen, dann das geputzte, gewaschene (nicht geschälte) kleingeschnittene Gemüse und das Salz dazugeben, gut umrühren; zudecken, aufkochen und weitere 10 Minuten auf kleiner Flamme köcheln lassen. Vom Feuer nehmen, zugedeckt mindestens 10 Minuten quellen lassen.
Mit Butter, Parmesan und Curry abschmecken und mit feingehackter Petersilie garnieren.

Bild rechts:
Gemüsereis siehe oben

Bild: Grünkernlaibchen siehe unten
Linsen mit Sahnesauce siehe rechts

Grünkernlaibchen

200 g geschroteter Grünkern
knapp 400 g Wasser
Vollmeersalz
1 Lorbeerblatt
1 kleine Zwiebel
1 Bund Petersilie
1 Ei
etwas Pfeffer aus der Mühle
sowie
1 Eßl. Butter
evtl. kaltgepreßtes Samenöl (wenn man die Laibchen in Fett backen will)

Das Wasser in einem zugedeckten Kochtopf zum Kochen bringen, salzen, das Lorbeerblatt dazugeben und den geschroteten Grünkern einrühren. Sodann den Kochtopf vom Feuer nehmen und zugedeckt ca. 15 Minuten ausquellen lassen. In der Zwischenzeit Petersilie und Zwiebel fein hacken.
Ist der Grünkern ausgequollen, nimmt man das Lorbeerblatt heraus und würzt mit Petersilie, Zwiebel und etwas Pfeffer aus der Mühle, dann rührt man noch das Ei und die Butter unter und formt aus dieser Masse kleine Laibchen. Diese legt man auf ein gefettetes Backblech und überbackt sie ca. 15 Minuten im heißen Rohr bei 200 °C oder backt die Laibchen in heißem Fett auf beiden Seiten goldbraun.

Dazu schmecken Linsen mit Sahnesauce vortrefflich, aber auch gedämpfte Broccoli mit Béchamelsauce oder Erbsen mit Karotten schmecken ausgezeichnet dazu.

Linsen mit Sahnesauce

1 Tasse Linsen (über Nacht eingeweicht)
2 kleine Karotten
1 Stange Sellerie
1 kleiner Porree
Vollmeersalz
Lorbeerblatt
feingehackte Zwiebel

Sauce:
200 g Sahne
2–3 Eßl. geriebener Schafkäse oder Parmesan
etwas Muskat
Vollmeersalz

Das Gemüse putzen (nicht schälen), bürsten, waschen und fein schneiden. Die über Nacht eingeweichten Linsen gut waschen und zusammen mit dem kleingeschnittenen Gemüse und dem Lorbeerblatt und nur wenig Wasser ca. 20 Minuten weichdünsten. Mit feingehackter Zwiebel und Salz abschmecken.

Die Sahne und den geriebenen Schafkäse gut vermischen, mit Muskat und etwas Salz abschmecken und etwas ziehen lassen.

Diese kalte Sauce zu den Linsen reichen.

Gerstnocken mit Spinat

Für die Nocken:
1 Tasse grob geschrotete Vollkorngerste
2 Tassen Wasser
Vollmeersalz
1–2 Lorbeerblätter

Bild: Gerstnocken mit Spinat siehe unten

Parmesankäse
kaltgepreßtes Olivenöl oder Butter
2 Eßl. gehackte Petersilie, Knoblauch

Das Wasser zum Kochen bringen, salzen, das Lorbeerblatt dazugeben und die geschrotete Gerste einrühren. Den Kochtopf vom Feuer nehmen und zugedeckt 15 Minuten quellen lassen. Die feingehackten Gewürze, die Butter und den Reibkäse daruntermischen und mit Hilfe zweier Löffel Nocken formen.

Für den Spinat:
1 kg Blattspinat
Butter
feingehackte Zwiebel oder Knoblauch
Vollmeersalz
Muskat, frischgemahlener Pfeffer aus der Mühle

Spinat putzen, waschen und abtropfen lassen. In einem zugedeckten Kochtopf ca. 5 Minuten dämpfen, abtropfen lassen und gut ausdrücken. Nun den Spinat fein hacken oder passieren; die Butter zerlassen (nicht braun werden lassen), den passierten Spinat untermischen und mit gepreßtem Knoblauch, Muskat, Pfeffer und Salz abschmecken. Auf die vorgewärmten Teller den Spinat aufteilen und die Gerstnocken auf dem Spinat servieren. Eventuell noch mit etwas Parmesan bestreuen.

Grießlaibchen »Gnocchi alla Romana« mit Zucchinischiffchen oder gefüllten Melanzane

300 g Hartweizen-Vollkorngrieß
600 g Wasser
Vollmeersalz
Butter
Muskat
Parmesan

Das Wasser zum Kochen bringen, salzen und den Grieß einstreuen; mit dem Schneebesen gut verrühren. Vom Feuer nehmen und zugedeckt ca. 20 Minuten quellen lassen. Die Butter dazugeben, gut verrühren und mit Muskat abschmecken. Die Masse auf eine gefettete Platte stürzen und ca. 1½ cm flach drücken. Mit einem Glas oder einer Keksform Kreise ausstechen, die man in eine gebutterte, feuerfeste Form schichtet, zum Schluß mit Parmesan bestreut und ca. 10 Minuten im Backrohr bei 190 °C überbackt.

Melanzane gefüllt

4 Melanzane
½ l passierte Tomaten
Origano
Knoblauch
Vollmeersalz
½ Mozzarella
evtl. etwas Parmesan
etwas Béchamel:
200 ml Wasser
ca. 30 g Reismehl
Parmesan
Muskat
3–4 Eßl. Rahm
Vollmeersalz
Béchamel nach Grundrezept zubereiten (Rezept Seite 54)

Melanzane halbieren, etwas aushöhlen und in einem zugedeckten Kochtopf mit Einsatz 7 Minuten dämpfen. Das ausgehöhlte Gemüsefleisch klein schneiden und mit etwas Tomatensaft und Origano sowie Salz dünsten; zum Schluß den gepreßten Knoblauch dazugeben.
Die restlichen passierten Tomaten in eine feuerfeste Form geben, salzen und mit Origano würzen, die ausgehöhlten Melanzani etwas salzen und in die Form stellen. Die Mozzarella in Würfel schneiden, und die Hälfte davon auf den Melanzanehälften verteilen, dazu etwas Béchamel, das gedünstete Gemüsefleisch und den Rest der Mozzarella daraufgeben. Eventuell etwas Parmesan darüberstreuen. Das restliche Béchamel auf die Tomatensauce geben.
Das Backrohr auf 180 °C vorheizen und die gefüllten Melanzane 20 Minuten überbacken.

Variation: Auch gekochtes Getreide wie Hirse, Reis oder Hafer oder auch gekochtes Schrot können mit dem gedünsteten »Gemüsefleisch« gemischt werden.
Die Weiterverarbeitung ist dieselbe wie oben.

Zucchinischiffchen

4 große Zucchini
300 g passierte Tomaten
50 g in kleine Würfel geschnittener Emmentaler
1 Teel. Kräutermischung: Origano, Salbei, Rosmarin, Thymian…
1 gehackte Zwiebel oder
gehackte Knoblauchzehen
kaltgepreßtes Olivenöl
Vollmeersalz

Die Zucchini waschen und in 8–10 cm lange Stücke schneiden; sodann wird auf der Längsseite ein Deckel abgeschnitten und das Gemüsefleisch mit einem Löffelchen herausgenommen. Die ausgehöhlten Zucchini 5 Minuten in einem Einsatz dämpfen.
Das Zucchinifleisch, Tomaten, Kräutermischung und Salz in einer Pfanne so lange dünsten, bis das Wasser so ziemlich verdampft ist. Die ausgehöhlten Zucchini mit dieser Masse füllen und obenauf die Emmentaler Würfel verteilen. Eine feuerfeste Form etwas buttern, die gefüllten Zucchini nebeneinanderstellen, etwas Flüssigkeit (Dämpfwasser, Gemüsewasser oder einen Spritzer Weißwein) dazugeben und im vorgeheizten Backrohr bei 180 °C ca. 30 Minuten fertiggaren.
Vor dem Servieren auf einen Servierteller geben und evtl. mit Olivenöl beträufeln.

Bild rechts:
»Gnocchi alla Romana« siehe links
Zucchinischiffchen siehe oben
Melanzane gefüllt siehe links

Bild: Buchweizennocken siehe unten
mit Käsesauce Seite 42

Buchweizennocken oder Schwarzplentennocken

(für ca. 25 kleine Nocken)
½ Tasse Buchweizen und ½ Tasse Vollkornweizen grob geschrotet
2 Tassen Wasser
Vollmeersalz
Knoblauch
Muskat
gehackte Petersilie
etwas Butter

Das Wasser zum Kochen bringen, salzen, das Schrot unter ständigem Rühren einstreuen und kurz aufkochen lassen. Vom Feuer nehmen und zugedeckt 10 Minuten quellen lassen. Gewürze und Butter dazugeben, gut umrühren und mit Hilfe zweier Löffel kleine Nocken formen.
Die Nocken auf einen vorgewärmten Servierteller geben und mit zerlassener Butter oder einer Käsesauce servieren.

Polenta (Mais)

300 g Vollkornmais (frisch, nicht zu fein gemahlen)
900 ml Wasser, Vollmeersalz, 3 Eßl. Butter

Das Wasser zum Kochen bringen, salzen und das frischgemahlene Maismehl einstreuen. Gut umrühren und kurz aufkochen lassen; vom Feuer nehmen, zugedeckt 40 Minuten quellen lassen. Die Butter vor dem Servieren unterrühren.

Serviert wird die Polenta z. B. mit Kichererbsen nach katalanischer Art oder mit gedünsteten Champignons oder mit Gorgonzolasauce.

Kichererbsen nach katalanischer Art

½ Tasse Kichererbsen (Ceci)
2 Karotten, je 2 gelbe und rote Paprika
½ l passierte Tomaten
je ein kleines Zweiglein: Thymian, Rosmarin und Salbei
2 Gewürznelken, Vollmeersalz
kaltgepreßtes Olivenöl

Die Kichererbsen waschen und über Nacht einweichen.
Das Gemüse putzen (nicht schälen), bürsten und waschen.
Die Karotten und Peperoni in Würfel schneiden.
Das geschnittene Gemüse, die Kichererbsen und die passierten Tomaten mit den 2 Gewürznelken in einer zugedeckten Kasserolle langsam köcheln lassen. Nach 20 Minuten die frischen, feingehackten Kräuter dazugeben, salzen und noch weitere 5 Minuten fertiggaren.
Die Kasserolle vom Feuer nehmen und zugedeckt noch etwas ziehen lassen. Vor dem Servieren mit etwas kaltgepreßtem Öl beträufeln.

Bild rechts: Salatkombination
Blaukraut mit Kümmel Seite 16 · Spinat mit Champignons Seite 19
Karottensalat mit Meerrettichdressing Seite 18 · Polenta siehe oben
Kichererbsen nach katalanischer Art siehe oben
Krem mit Früchten Seite 87

Topfen-Grieß-Knödel

250 g süßen trockenen Topfen (ricotta romana)
120 g Vollkorn-Hartweizengrieß
Vollmeersalz
etwas Muskat
30 g Butter
1 Ei
gehackte Petersilie oder feingeschnittener Schnittlauch

Butter zergehen lassen (nicht braun werden lassen) und mit dem Grieß und dem Salz gut vermengen. Den Topfen und das Ei verrühren, den Grieß, die gehackte Petersilie dazugeben, alles gut vermischen und mit Muskat abschmecken. Den Teig mindestens ½ Stunde ausquellen lassen.
Sodann mit nassen Händen kleine Knödel oder Nocken formen und in kochendes Salzwasser geben. Die Knödel ca. 20 Minuten garziehen, nicht kochen lassen.
Diese Topfenknödel oder Nocken können als Suppeneinlage oder als Hauptspeise zu Champignons oder gedämpftem Gemüse oder mit einer Fenchel-Tomaten-Sauce gereicht werden.

Champignons (Pfifferlinge gedünstet)

750 g Champignons (Pfifferlinge)
Vollmeersalz
3 Eßl. Weißwein
frischgemahlener Pfeffer
Mehlbutter:
20 g Butter
1 gehäufter Eßl. Weizen-Vollkornmehl

Champignons putzen, waschen und in Scheiben schneiden.
Die geschnittenen Champignons in einem Kochtopf mit einem Eßl. Wasser, etwas Salz zugedeckt auf einer kleinen Flamme dünsten, so daß sie das eigene Wasser abgeben. Nun den Deckel abnehmen und die Flüssigkeit etwas einkochen lassen. Immer wieder gut umrühren.
Mehlbutter: Die Butter mit dem Mehl verkneten und zu den Champignons geben, mit etwas Weißwein aufgießen, kurz aufkochen lassen und mit frischgemahlenem Pfeffer abschmecken.

Fenchel mit Tomaten

2–3 Fenchelknollen
4–5 Tomaten oder ½-l-Glas eingeweckte Tomaten
Vollmeersalz
Origano
etwas Butter oder Olivenöl
evtl. etwas geriebener Parmesankäse

Die Fenchel putzen, vierteln, waschen und in nicht zu große Stücke schneiden. Fenchel mit den zerkleinerten Tomaten, Salz und Origano in einen Kochtopf geben und zugedeckt weichdünsten.
Mit Butter oder Olivenöl abschmecken und vor dem Servieren eventuell mit Parmesankäse bestreuen.

Tomatensauce

500 g Eiertomaten
2 Lorbeerblätter
Rosmarin
Salbei
Knoblauch oder Zwiebel
Vollmeersalz
kaltgepreßtes Olivenöl oder Butter

Tomaten eventuell zuvor kurz in siedendes Wasser tauchen, schälen und zerkleinern. Diese zerkleinerten Tomaten in einem nicht zugedeckten Kochtopf zusammen mit den Gewürzen und dem Salz leicht köcheln lassen, so daß die Flüssigkeit etwas reduziert wird. Die Gewürzblätter herausnehmen und mit Öl oder Butter abschmecken.

Bild rechts:
Topfen-Grieß-Knödel siehe links
Fenchel mit Tomaten siehe oben

Kartoffelschlutzer

Für den Teig:
200 g gekochte, mehlige Kartoffeln (passiert)
3 Eier
500 g frischgemahlenes Vollkorn-Weizenmehl
Vollmeersalz und etwas warmes Wasser
Für die Füllung: Käse nach Belieben: Gorgonzola, Mozzarella und/oder Emmentaler... zusammenmixen.

Aus den oben angegebenen Zutaten einen Teig kneten. Einen ca. 10 cm breiten Streifen dünn austreiben, sodann kleine Häufchen der Käsefüllung etwas oberhalb der Hälfte geben, den Teig darüberschlagen, gut zusammendrücken und ausstechen.
In der Zwischenzeit das Salzwasser zum Kochen bringen, die Schlutzer hineingeben und kurz aufkochen lassen, gut abtropfen, auf einen warmen Teller geben.
Mit zerlassener Butter und Parmesankäse servieren.
Man kann diese Schlutzer auch mit Tomatensauce oder z.B. mit Artischockensauce servieren.

Artischockensauce

3 Artischocken
3 Tomaten
2 Knoblauchzehen
1 Eßl. Origano
Vollmeersalz
⅛ l Weißwein
frischgemahlener Pfeffer
Zitronenwasser: ½ l Wasser und Saft einer halben unbehandelten Zitrone
Mehlbutter:
20 g Butter
1 gehäuften Eßl. Vollkorn-Weizenmehl

Das Putzen der Artischocken ist eine kleine »Kunst«, die jeder lernen kann: Man nimmt die Artischocken, schneidet den Stengel ab, den man dann schält, d. h., der holzige dunkle Rand wird weggeschnitten. Dann entfernt man die äußeren Blätter, sodann drückt man den linken Daumen gegen die untere Seite eines Artischockenblattes und knickt dieses, mit den Fingern der anderen Hand, von oben herab nach außen und zieht es dann nach unten, so daß nur der holzige Teil entfernt wird. Auf diese Weise bricht man Blatt für Blatt ab. Da der holzige Teil nach innen immer mehr abnimmt, werden die Blätter immer höher oben abgeknickt. Die Spitzen der mittleren Blätter werden zuletzt mit einem Messer abgeschnitten.
Die geputzten Artischocken sofort mit Zitrone einreiben oder in Zitronenwasser legen, damit sie nicht schwarz werden.
Die Artischocken halbieren, das »Stroh« entfernen und dann fein schneiden.
Die Tomaten waschen, in Würfel schneiden oder kurz in siedendes Wasser tauchen und schälen. Die zerkleinerten Tomaten und die feingeschnittenen Artischocken zusammen mit dem Origano und etwas Salz in einem zugedeckten Kochtopf ca. 15 Minuten weichdünsten.
Butter und Mehl verkneten, in kleine Stückchen teilen und zu den gedünsteten Artischocken geben. Mit Weißwein löschen und kurz aufkochen lassen. Mit frischgemahlenem Pfeffer abschmecken.

Bild rechts: Wirsingstrudel

Wirsingstrudel

Teig:
250 g Vollkorn-Weizenmehl oder -Dinkelmehl
ca. ⅛ l warmes Wasser
1 Prise Vollmeersalz
50 g Butter (zerlassen)
Füllung:
1 kleiner Wirsing
Vollmeersalz
etwas Pfeffer aus der Mühle
1 Teel. Kümmel

Mehl in eine Schüssel geben. Wasser, Salz und zerlassene Butter dazugeben und alles schnell zu einem glatten Teig verarbeiten. In der Zwischenzeit in einem Kochtopf etwas Wasser zum Kochen bringen. Den Kochtopf ausleeren und gut austrocknen. Den fertiggekneteten Teig in Butterpapier einwickeln und in den heißen Kochtopf legen, mit dem Deckel zudecken und mindestens ½ Stunde ruhen lassen.

In der Zwischenzeit 4–5 äußere Blätter des Wirsings abnehmen, mit einem Messer die dicken Stengelteile entfernen und kurz in kochendem Wasser blanchieren. Den restlichen Wirsing in feine Streifen schneiden, mit Salz, Kümmel und nur ganz wenig Wasser weichdünsten, mit etwas Butter und Pfeffer abschmecken.

Den Teig auf einem gut bemehlten Küchentuch dünn ausrollen, mit etwas zerlassener Butter bestreichen, dann die blanchierten, gut abgetropften Wirsingblätter darauflegen und den gedünsteten Wirsing darüber verteilen. Den Strudel aufrollen und auf ein bemehltes Backblech geben. Mit Ei bestreichen und im bereits 200 °C heißen Backrohr ca. 40 Minuten backen.

NB: Aus dieser Masse zwei kleinere Strudel herstellen und als Suppeneinlage servieren.

Fein schmeckt dieser Wirsingstrudel auch mit einer Käsesauce.

Schlutzer mit Spinatfüllung

Teig:
200 g Vollkorn-Weizenmehl
200 g Vollkorn-Roggenmehl
1 Ei
Vollmeersalz
etwas Öl oder Butter (ca. 40 g)
warmes Wasser
Füllung:
150 g geputzter Spinat
150 g Topfen
etwas Parmesankäse
Vollmeersalz
frischgemahlener Pfeffer
etwas Muskat
Knoblauch oder Zwiebel
Butter und geriebener Parmesan zum Bestreuen (oder etwas Graukäse)

Aus den oben genannten Zutaten einen Teig kneten und 15 Minuten ruhen lassen. Den Spinat putzen, waschen und dämpfen, gut ausdrücken und fein hacken. Mit dem Topfen vermischen und den übrigen Zutaten abschmecken.
Den Teig dünn ausrollen, Kreise ausstechen, darauf kleine Häufchen der Füllung geben, zusammenlegen und den Rand dann gut zudrücken. Ins kochende Salzwasser geben, nur ganz kurz aufkochen lassen, abseihen und sofort mit Butterflöckchen belegen und mit Parmesan bestreuen oder Graukäse auf kleiner Flamme schmelzen lassen und über die gut abgetropften Schlutzer geben. Sofort servieren.

Bild rechts: Spinatschlutzer siehe oben

Zwiebelkuchen

Teig:
400 g frischgemahlenes Vollkorn-Weizenmehl
1 Ei
175 g Butter
3 gestrichene Teel. Naturbackpulver
ca. 1 Glas warmes Wasser
Vollmeersalz
Eigelb zum Bestreichen

Belag:
6–8 Zwiebeln
2 Eier
Kümmel
Vollmeersalz
Muskat
frischgemahlener Pfeffer
Butter oder kaltgepreßtes Öl

Mehl, Backpulver und Salz mischen, das Ei und die kleingeschnittene Butter dazugeben, etwas verkneten und eßlöffelweise das warme Wasser unterkneten, bis ein weicher Teig entsteht. Den Teig zugedeckt mindestens 30 Minuten ruhen lassen.
In der Zwischenzeit die Zwiebeln schälen und in feine Scheiben schneiden. In etwas Öl oder Butter weichdünsten, mit Salz und Kümmel würzen. Eier aufschlagen, mit Muskat und Pfeffer sowie Salz würzen und mit den weichgedünsteten Zwiebeln vermischen.
Dreiviertel des Teiges auf einem bemehlten Brett ausrollen, eine gebutterte feuerfeste Form damit auslegen und mit der Gabel einige Male einstechen. Die Form 10 Minuten in das bereits heiße Rohr geben und vorbacken. Dann die Zwiebelfüllung darauf verteilen, den restlichen Teig ausrollen und über die Füllung legen. Mit Eigelb bestreichen und weitere 30 Minuten bei 180 °C backen.

Lasagne mit Broccoli

Für die Nudeln:
150 g Vollkorn-Hartweizenmehl
ca. 80 ml Wasser (lauwarm) oder
1 Ei und ca. 30 g warmes Wasser
Vollmeersalz
etwas kaltgepreßtes Olivenöl

Alle Zutaten zu einem geschmeidigen Teig verkneten und 15 Minuten ruhen lassen. Dann wird der Teig dünn ausgetrieben und evtl. in rechteckige Stücke geschnitten.

Für den Belag:
1¼ kg Broccoli
Knoblauch
Peperoncino
Vollmeersalz

Die Broccoli putzen, die holzigen Teile entfernen, waschen und etwas zerkleinern, mit nur wenig Wasser und Salz dünsten oder in einem Einsatz dämpfen, mit gepreßtem Knoblauch, etwas Peperoncino und Öl abschmecken.

Béchamel:
Grundrezept Seite 40
3mal die Menge (1½ l)
zum Schluß mit etwas Parmesan verfeinern

In eine Terrine eine Schicht Béchamel geben, darauf eine Lage Nudeln legen, mit Béchamel abdecken und mit einem Teil der gedämpften oder gedünsteten Broccoli belegen, mit Parmesan bestreuen; wiederum eine Lage Nudeln darübergeben usw. Mit Béchamel, Broccoli, evtl. passierten oder würfelig geschnittenen Tomaten abschließen und mit reichlich Käse bestreuen. Abschließend Butterflöckchen darauf verteilen und im Backrohr bei 180 °C ca. 30 Minuten überbacken.

Bild rechts: Lasagne mit Broccoli siehe oben

Spinatknödel

300 g altbackenes Weizen-Vollkornbrot
(würfelig geschnitten)
400–500 g Spinat
Knoblauch oder Zwiebel nach Wahl
Muskat
½ Tasse Wasser, 2 Eier
ca. 150–200 g frischgemahlenes Vollkorn-Weizenmehl
Vollmeersalz, Muskat
50 g süßer Topfen (ricotta romana)
50 g feingeschnittener pikanter Bergkäse
etwas Öl oder zerlassene Butter
zum Servieren zerlassene Butter und Reibkäse
(Parmigiano Reggiano)

Knödelbrot mit dem Wasser übergießen und mindestens 20 Minuten stehenlassen. In der Zwischenzeit den Spinat putzen, waschen, gut abtropfen lassen und dann fein hakken (mixen). Brot, Spinat, Eier und alle übrigen Zutaten mischen, Muskat und Salz dazugeben und weitere 15 Minuten stehenlassen.
In einem Kochtopf reichlich Wasser zum Kochen bringen, salzen, einen Probeknödel kochen, und falls er zu weich ist, gibt man noch etwas Vollkorn-Weizenmehl dazu. Nun werden aus dem Teig nicht zu große Knödel geformt. Man gibt sie ins kochende Salzwasser und läßt sie nur leicht köcheln, eher garziehen lassen.
Die Knödel mit Hilfe eines Schaumschöpfers herausnehmen, gut abtropfen lassen und mit zerlassener (nicht brauner) Butter und Reibkäse servieren.

Schwarzplentene Knödel mit Sauerkraut

Für die Knödel:
300 g altbackenes Vollkorn-Weizenbrot
1½–2 Tassen warmes Wasser
80 g Bergkäse, 1 Ei
2 Eßl. kaltgepreßtes Olivenöl oder zerlassene Butter
1 Zwiebel
1 Bund Petersilie, Majoran
Vollmeersalz
200 g nicht zu fein gemahlenes Schwarzplentenmehl

Das altbackene Brot in Würfel schneiden, mit dem Wasser übergießen und ca. 30 Minuten weichen lassen.
In der Zwischenzeit den Käse in kleine Würfel schneiden und die Zwiebel, Petersilie und Majoran hacken. Nun mischt man das Knödelbrot mit den feingeschnittenen Zutaten, dem Ei und dem Öl oder der Butter, salzt den Teig und knetet zum Schluß das Mehl darunter. Ist der Teig zu trocken, gibt man noch etwas Wasser dazu.
Bevor man die Knödel formt, läßt man den Teig noch 15 Minuten ruhen.
In einem größeren Kochtopf reichlich Wasser zum Kochen bringen, salzen und einen Probeknödel kochen. Zerfällt er, mischt man noch etwas Mehl unter den Teig. Die nicht zu groß geformten Knödel garziehen lassen.

Sauerkraut

600 g Sauerkraut
350 g Wasser oder
230 g Wasser und ⅛ l Weißwein
2 Eßl. Vollkorn-Weizenmehl oder Grünkernmehl
1 Lorbeerblatt
6 Wacholderbeeren
evtl. Kümmel (wenn nicht schon im Kraut Kümmel ist)
Vollmeersalz
Butter
1 Zwiebel

Die Flüssigkeit mit den Lorbeerblättern, den zerquetschten Wacholderbeeren, dem Kümmel und etwas Salz zum Kochen bringen, das Mehl einrühren und dann das etwas ausgedrückte und zerkleinerte Sauerkraut untermischen; ca. 10 Minuten köcheln lassen. Vom Feuer nehmen und zugedeckt 15 Minuten ziehen lassen, dann die Lorbeerblätter herausnehmen, feingehackte Zwiebel dazugeben und mit etwas Butter abschmecken.

Bild rechts:
Spinatknödel siehe links
Schwarzplentene Knödel mit Sauerkraut siehe links

Spinatspatzeln

600 g geputzter Spinat
200 g frischgemahlenes Vollkorn-Weizenmehl
2 Eier
100–150 g Wasser (Spinatwasser)
3 Eßl. kaltgepreßtes Olivenöl
Vollmeersalz
Muskat
Butter

Den geputzten und gewaschenen Spinat ca. 10 Minuten in einem zugedeckten Kochtopf, evtl. in einem Einsatz, dämpfen. Abtropfen lassen und das Spinatwasser auffangen. Den gekochten Spinat pürieren, salzen, die Eier und das Spinatwasser, ca. 150 g, dazugeben. Dann gibt man noch Muskat und das Öl dazu und rührt das frischgemahlene Vollkornmehl ein. Den Teig mindestens 20 Minuten quellen lassen. Nun den Teig durch einen Spatzelhobel ins kochende Salzwasser hobeln.
Sobald die Spatzeln hochkommen, mit einem Schaumlöffel herausnehmen und in eine gebutterte feuerfeste Form geben. Mit Butterflöckchen belegen und mit Parmesankäse bestreuen.

Variation:
Spinatspatzeln mit Rahmsauce

Teig wie oben
Für die Sauce:
¼ l Rahm
Vollmeersalz
Muskat
100 g geriebener Emmentaler

Die Spatzeln wie oben zubereiten.
Den Rahm etwas einkochen lassen, salzen; mit Muskat abschmecken. Die Hälfte des eingekochten Rahms und die Hälfte des geriebenen Käses in eine feuerfeste Form geben, die gekochten Spatzeln dazugeben, umrühren. Den restlichen Rahm und Käse mischen, über die Spatzeln gießen und kurz ins heiße Rohr schieben.

Vollkornspatzeln

400 g frischgemahlenes Weizen-Vollkornmehl
200 ml warmes Wasser
3 Eßl. kaltgepreßtes Olivenöl
4 Eier
Vollmeersalz
Butter
Parmesankäse

Die Eier mit dem warmen Wasser verrühren, das Öl dazugeben, salzen und das frischgemahlene Mehl einrühren. Den Teig mindestens 20 Minuten quellen lassen.
Durch ein Spatzelsieb wird der Teig ins kochende Salzwasser gepreßt, und sobald die Spatzeln hochkommen, werden sie mit einem Schaumlöffel herausgenommen. Eine feuerfeste Form buttern, die gekochten Spatzeln hineingeben, mit Butterflocken belegen und mit Parmesan bestreuen.

Variation:
Roggen-Vollkorn-Spatzeln: *Anstatt nur Weizen-Vollkornmehl, kann man einen Teil Roggen-Vollkornmehl oder auch nur Roggen-Vollkornmehl verwenden.*

Ganz besonders gut schmecken die ***»Schwarzplentenen Spatzeln«****. Für diese schmackhaften Spatzeln nimmt man:*
250 g Buchweizenmehl
160 g Weizen-Vollkornmehl
Die übrigen Zutaten und die Zubereitung bleiben gleich wie oben beschrieben.

Sprossenkohl gedünstet

500 g Sprossenkohl
2 Eßl. Parmesan
kaltgepreßtes Olivenöl oder Butter
etwas Peperoncino, gepreßter Knoblauch
Vollmeersalz

Den Sprossenkohl putzen, waschen und in einem zugedeckten Kochtopf in nur wenig Wasser und Salz dünsten. Wenn nötig, Wasser dazugeben. Am Ende der Garzeit mit Peperoncino, gepreßtem Knoblauch und Butter oder Öl abschmecken und vor dem Servieren mit Parmesankäse bestreuen.

Sprossenkohl überbacken

500 g Sprossenkohl
500 g Kartoffeln
3 Tassen Béchamel
3 Eßl. Vollkornbrösel
kaltgepreßtes Olivenöl oder Butter
Vollmeersalz

Die Kartoffeln werden gebürstet, gewaschen, gekocht und ungeschält in 1 cm dicke Scheiben geschnitten.
Der Sprossenkohl wird geputzt, gewaschen und in einem zugedeckten Kochtopf mit nur wenig Wasser und etwas Salz weichgedünstet. Sodann werden die Kartoffeln in eine gut gefettete, feuerfeste Form gelegt, etwas gesalzen und der Sprossenkohl darauf verteilt.
Die Béchamelsauce (ca. die Hälfte der Grundmenge) nach Rezept zubereiten und auf dem Sprossenkohl verteilen; mit Vollkornbröseln (evtl. geriebener Vollkornzwieback) bestreuen, etwas Olivenöl darüberträufeln oder mit Butterflocken belegen und im vorgeheizten Backrohr auf 200 °C 15 Minuten überbacken.

Palatschinken – Grundrezept

Für acht Stück:
200 ml Wasser
100 g frischgemahlenes Vollkorn-Weizenmehl
1 Eßl. zerlassene Butter oder
kaltgepreßtes Sonnenblumenöl
1 Ei
Vollmeersalz
kaltgepreßtes Samenöl zum Backen

Wasser, Öl oder Butter und Ei verrühren, salzen, das Vollkornmehl einrühren und zum Schluß die zerlassene Butter unterrühren. Zugedeckt mindestens ½ Stunde quellen lassen. In einer Bratpfanne mit dem Durchmesser von ca. 16 cm acht dünne Palatschinken backen.

Palatschinken mit Spinat

Teig nach Grundrezept zubereiten
Füllung:
800 g Spinat
60 g Parmesankäse
Muskat
Vollmeersalz
frischgemahlener Pfeffer
Knoblauch oder Zwiebel
1 Eßl. Butter

Den Teig für die Palatschinken zubereiten und quellen lassen. In der Zwischenzeit den Spinat putzen, waschen und in einem Einsatz 5 Minuten dämpfen, gut abtropfen lassen, etwas ausdrücken und klein schneiden. Den kleingeschnittenen Spinat in eine Schüssel geben und mit zerlassener Butter (nicht braun werden lassen), kleingehacktem Knoblauch oder Zwiebel, Salz, Muskat und Pfeffer abschmecken.
Nun werden in einer kleinen Bratpfanne die Palatschinken gebacken, mit Spinat und etwas geriebenem Parmesan belegt und aufgerollt.

Variation:

¼ l Béchamelsauce (Grundrezept Seite 40)
1 Eiertomate
Origano
Vollmeersalz
2 Eßl. geriebener Parmesan

Eine feuerfeste Form mit Butter ausstreichen und die wie oben beschrieben zubereiteten und aufgerollten Palatschinken nebeneinanderschichten.
Die Tomate waschen und in Scheibchen schneiden, diese in der Mitte dekorativ auf die Palatschinken schichten; mit Origano und Salz bestreuen. Auf beiden Seiten die Béchamelsauce verteilen und mit Parmesan bestreuen. Das Backrohr auf 180 °C vorheizen und die Palatschinken ca. 10 Minuten überbacken.

Bild rechts:
Palatschinken mit Spinat siehe oben
Palatschinken mit Pfifferlingen und Champignons siehe rechts

Palatschinken mit Champignons oder Pfifferlingen

Für den Teig die doppelte Menge des Grundrezeptes
Füllung:
700 g Champignons oder Pfifferlinge
40 g Butter
2 Bund Petersilie, Knoblauch
Vollmeersalz
frischgemahlener Pfeffer aus der Mühle

Den Teig für die Palatschinken nach dem Grundrezept zubereiten. Zur Variation gibt man den halben Bund feingehackter Petersilie dazu und läßt diesen Teig mindestens 1 Stunde quellen.

In der Zwischenzeit die Pilze putzen, einzeln waschen und gut abtropfen lassen; sodann die Champignons fein hakken, in eine Kasserolle geben, salzen und zugedeckt dünsten (wenn notwendig, einen Eßlöffel Wasser dazugeben). Sobald die Pilze genügend Wasser abgegeben haben, den Deckel abnehmen und die Flüssigkeit einkochen lassen. Mit Butter, gehackter Petersilie und Pfeffer abschmecken.
Nun die Palatschinken in etwas heißem Fett backen.
Acht der sechzehn Palatschinken werden mit den gedünsteten Pilzen belegt, dann deckt man sie mit den restlichen acht Palatschinken zu und teilt sie in je vier Teile.
Auf vier vorgewärmte flache Teller werden je acht Viertel dekorativ aufgelegt und warm serviert.
Dazu kann man auch etwas Champignonsauce reichen.

Das Brot ernährt uns nicht
Was uns im Brote speist,
ist Gottes ew'ges Wort,
ist Leben und ist Geist.

Angelus Silesius

Vollkornbrot aus Hefeteig

(ganz einfach)
500 g frischgemahlenes Vollkorn-Weizen- oder Dinkelmehl
knapp 350 g lauwarmes Wasser
20 g Hefe (Germ)
½ Eßl. Vollmeersalz
1 Teel. Honig
50 g Butter

Das frischgemahlene Mehl in eine Rührschüssel geben und salzen. Das Wasser gibt man in einen Meßbecher und löst darin die Hefe und den Honig gut auf, gießt alles zum Mehl, rührt zuerst mit dem Schneebesen unter und knetet dann alles zu einem geschmeidigen Teig. Der Teig soll nicht zu trocken sein. Klebt er beim Kneten, so taucht man die Hände in Wasser und knetet weiter.
Zum Schluß knetet man die Butter ein und stellt den zugedeckten Teig an einen warmen Ort. Nach einer halben Stunde knetet man den Teig noch einmal durch und läßt ihn noch 15 Minuten gehen.
Das Backrohr auf 250 °C vorheizen.
In der Zwischenzeit formt man aus dem Teig kleine Brote und legt sie auf ein bemehltes Backblech, läßt sie noch einmal richtig entspannen und schiebt sie dann ins heiße Rohr. Nach ca. 5 Minuten schaltet man auf 180°C zurück und backt sie 20 Minuten.
Ist die Kruste etwas hart geworden, wickelt man die noch heißen Brote in ein sauberes Küchentuch ein und läßt sie so auskühlen.

Langzeit-Teigführung Weizenbrot

Vorteig:
250 g Weizen
300 g kaltes Wasser
3 g Hefe
½ Teel. Honig

Das Wasser in eine Schüssel geben, den Honig und die Hefe dazugeben und gut verrühren. Sodann das frischgemahlene Weizenmehl mit einem Schneebesen unterrühren.
Zugedeckt ca. 12 Stunden an einen kühlen Ort stellen.
Dieser Vorteig kann nach ca. 12 Stunden weiterverarbeitet werden.
Bleibt etwas vom Vorteig übrig, kann man diesen in einen gut verschließbaren Behälter, z. B. ein Schraubglas, füllen (nicht bis zum Rand, denn er gart weiter und dehnt sich aus) und für die nächste Brotteigbereitung aufbewahren.

Herstellung des Weizenbrotes mit der Langzeit-Teigführung:

mindestens 3 Eßl. vom Vorteig
650 g kaltes Wasser
1 kg frischgemahlenes Vollkorn-Weizenmehl
Vollmeersalz
Gewürze nach Belieben: Koriander, Anis oder Fenchel ...

Den Vorteig in eine Rührschüssel geben, langsam das Wasser dazugeben und gut verrühren, daß sich der Vorteig gut löst, sodann die Gewürze und das Salz einrühren.
Nun wird das frischgemahlene Mehl mit dem Schneebesen eingearbeitet und dann mit den Händen kräftig durchgeknetet. Der Teig soll eher weich als zu trocken sein.
Klebt der Teig beim Kneten an den Händen, taucht man diese ins Wasser.
Zur Verfeinerung kann man auch einige Eßlöffel kaltgepreßtes Olivenöl oder ein Stückchen Butter unterkneten.
Sind alle Zutaten gut eingearbeitet, deckt man die Schüssel gut zu und stellt sie weitere 12 Stunden an einen kühlen Ort.
Sollte es aber etwas schneller gehen, dann stellt man den Teig an einen warmen Ort.
Ist der Teig locker genug, knetet man ihn noch einmal kurz durch und formt daraus größere oder kleinere Brote.
Diese gibt man auf ein bemehltes Backblech und läßt sie noch einmal 20 bis 30 Minuten zugedeckt entspannen.
In der Zwischenzeit heizt man das Backrohr auf 250 °C vor.
Bevor man die Brote ins Rohr gibt, bepinselt man sie mit warmem Wasser, läßt sie ca. 5 Minuten (große Brote 10 Minuten) auf 220 °C, schaltet dann auf 180 °C zurück und läßt das Brot, je nach Größe, 20 bis 45 Minuten fertigbacken.

Bild rechts: verschiedene Roggenbrote

Herstellung von Natursauerteig

50 g Roggen (frisch gemahlen)
50 g Wasser (ca. 25 °C)
eine Messerspitze Honig
etwas gemahlener Kümmel

Alle Zutaten zu einem Teig vermischen, in ein gut verschließbares Gefäß geben, mit Zwiebelringen abdecken und zugedeckt 24 Stunden stehenlassen (20 bis 24 °C Zimmertemperatur).

Nach 24 Stunden nimmt man die Zwiebelringe weg und gibt wieder 50 g Roggen und 50 g Wasser dazu.

Alles gut vermischen und zugedeckt weitere 24 Stunden an einem warmen Ort stehenlassen.

Diesen Vorgang noch einmal wiederholen.

Am dritten Tag nimmt man dann den Sauerteig und knetet so viel Roggenmehl dazu, bis er bröselig (trocken) ist. So kann man diese »Graupen« in ein verschließbares Gefäß füllen und monatelang im Kühlschrank aufbewahren.

Vinschgerlen

650 g Vollkorn-Weizenmehl
300 g Vollkorn-Roggenmehl
ca. 850 g Wasser
Kümmel, eventuell Fenchel
2 Eßl. Brotklee
20 g Vollmeersalz
20 g Hefe
150 g »Graupen« (Sauerteig)

Die Graupen mit 300 g Wasser vermengen; nach 1 Stunde das frischgemahlene Roggenmehl dazugeben und gut verrühren. Den Teig zugedeckt ca. 5 Stunden stehenlassen.
Sodann ca. 2–3 Eßlöffel von dem Teig wieder wegnehmen, diesen mit Vollkorn-Roggenmehl zu Graupen verreiben und in einem gut verschlossenen Behälter für die Zubereitung des nächsten Brotes im Kühlschrank aufbewahren.
Nun die Hefe in dem restlichen Wasser auflösen, die Gewürze dazugeben und mit dem Sauerteig verrühren, salzen und das Weizenmehl mit einem Kochlöffel einarbeiten. Der Teig soll eine weiche Konsistenz aufweisen. Den Brotteig nun 30 Minuten gehen lassen, dann noch einmal kräftig mit dem Kochlöffel durchschlagen und nach einer weiteren Teigruhe von 30 Minuten mit einem Eßlöffel Teigportionen abstechen, im Vollkorn-Roggenmehl wälzen und zu kleinen Laibchen formen. Diese kleinen Brötchen auf ein bemehltes Backblech geben und zugedeckt ca. 60 Minuten gehen lassen.
Das Backrohr auf 230 °C vorheizen und die Brote einschieben; nach 5 Minuten auf 180 °C zurückschalten und weitere 25 bis 30 Minuten backen.

Nußbrot

700 g Vollkorn-Weizenmehl
300 g Vollkorn-Roggenmehl
ca. 700 ml Wasser (35 °C)
20 g Hefe
30 g Vollmeersalz
350 g Wal- und Haselnüsse
100 g Butter, 250 g »Graupen« (Sauerteig)

Die Sauerteiggraupen mit 300 g Wasser (35 °C) anrühren und zugedeckt 1 Stunde stehenlassen. Sodann den Sauerteig mit 300 g frischgemahlenem Vollkorn-Roggenmehl mischen; diesen Teig mindestens 4 Stunden zugedeckt stehenlassen. Sodann 250 g Sauerteig wegnehmen, diesen mit Roggen-Vollkornmehl zu Graupen verreiben und in einem gut verschließbaren Behälter im Kühlschrank für die Zubereitung des nächsten Brotes aufbewahren.
Nun die Hefe im restlichen Wasser auflösen, salzen und zum Sauerteig dazugeben, dann das frischgemahlene Vollkorn-Weizenmehl einrühren und zu einem Teig verkneten. Zum Schluß die Nüsse und die Butter unterkneten. Nun den Teig mindestens 60 Minuten zugedeckt ruhen lassen (eventuell ein- bis zweimal während dieser Ruhezeit kurz durchkneten).
Ist der Teig richtig locker, wird er in vier gleiche Stücke geteilt und nochmals durchgeknetet. 5 Minuten entspannen lassen, zu Weggen formen und auf ein bemehltes Backblech setzen und ca. 30 Minuten gehen lassen.
In das auf 260 °C vorgeheizte Backrohr geben, auf 180 °C schalten und 60 bis 70 Minuten backen (kleine Brote nur 35 bis 40 Minuten). Noch heiß eventuell mit Walnußbutter (Rezept Seite 92) bestreichen.

Kräuterbrot

500 g frischgemahlenes Weizen-Vollkornmehl
20 g Hefe
ca. 350 ml lauwarmes Wasser
1 gehäufter Teel. Vollmeersalz
60 g Butter oder kaltgepreßtes Olivenöl
2 kleine Zweiglein Rosmarin
3 Zweiglein Basilikum
evtl. etwas Thymian und Majoran
1 kleiner Porree
1 kleine Zwiebel
10 Lorbeerblätter zum Unterlegen

Das frischgemahlene Vollkornmehl in eine Schüssel geben, salzen; das Wasser und die Hefe gut verrühren und zum Mehl geben. Alles unterrühren und etwas durchkneten. Die Butter in feine Streifen schneiden und über den Teig legen. Zugedeckt ca. 15 Minuten rasten lassen.
In der Zwischenzeit die Kräuter putzen, waschen und gut abtrocknen lassen. Alles fein hacken und dann zusammen mit der Butter unter den Teig kneten; ein bis zwei Stunden gehen lassen.

Nun den Teig noch einmal kräftig durchkneten und zwei Kugeln daraus formen. Die Lorbeerblätter waschen und gut abtrocknen; rosettenförmig zu je 5 Blätter auf ein gut bemehltes Backblech legen und die Teigkugeln daraufgeben.
Zugedeckt nochmals 30 Minuten gehen lassen.
Das Backrohr auf 250 °C vorheizen, die Brote einschieben und nach 5 Minuten auf 180 °C zurückschalten. 40–45 Minuten fertigbacken.
Auf einem Kuchengitter auskühlen lassen.

Pariser Stangen

500 g Vollkorn-Weizenmehl (frisch gemahlen)
300 ml Wasser (35 °C)
20 g Hefe
10 g Vollmeersalz
25 g Butter

Hefe im Wasser auflösen, evtl. etwas Honig dazugeben und mit Vollkornmehl zu einem Teig verkneten, salzen und zum Schluß die Butter dazugeben. Den Teig gut abdecken, denn die Oberfläche soll nicht abtrocknen, und an einem warmen Ort ca. 90 Minuten gehen lassen. Dann den Teig in zwei Teile teilen und nochmals durchkneten; weitere 10 Minuten gehen lassen. In beliebig lange dünne Stangen aufarbeiten, diese auf ein bemehltes Backblech geben und zugedeckt etwas gehen lassen.
In der Zwischenzeit das Backrohr auf 220 °C vorheizen und bei 180 °C 30–35 Minuten backen lassen (evtl. etwas Wasser in den Backofen stellen).

Tomatenstangen

650 g Vollkorn-Weizenmehl
5 Eßl. Wasser
1 Eßl. Honig
2 Teel. Vollmeersalz
0,3 l passierte Tomaten
1 Messerspitze Cayennepfeffer
25 g Hefe
50 g Butter
zum Bestreichen 1 Ei
etwas Kümmel zum Bestreuen

Hefe in Wasser lösen, 1 Eßlöffel Mehl dazugeben und etwas gehen lassen. Mehl mit dem »Dampfl« (Hefe - Wasser), dem leicht erwärmten Tomatensaft und dem Honig gut vermengen und zum Schluß die in dünne Scheiben geschnittene Butter unterkneten. Zugedeckt mindestens 30 Minuten an einem warmen Ort gehen lassen. Auf einem bemehlten Brett austreiben und mit dem »Krapfenradl« Quadrate, ca. 8 × 8 cm, ausschneiden.
Diese von einer Ecke beginnend aufrollen und auf ein bemehltes Blech setzen; ca. 15 Minuten gehen lassen, dann mit Eigelb bestreichen und mit Kümmel bestreuen. Ins heiße Backrohr geben und bei 200 °C ca. 25 Minuten backen.

Vollkornpizza

500 g frischgemahlenes Vollkorn-Weizenmehl
knapp 350 ml lauwarmes Wasser
20 g Hefe
Vollmeersalz
1 Teel. Honig
4 Eßl. kaltgepreßtes Olivenöl

Die Zubereitung des Teiges: siehe Vollkornbrot

Zum Belegen:
passierte Tomaten
Origano
Vollmeersalz
geriebener Emmentaler oder würfelig geschnittene Mozzarella
Zwiebelringe oder Knoblauch
evtl. leicht gedünstetes Gemüse wie Spinat, Melanzane, Karotten …
etwas kaltgepreßtes Olivenöl

Den Teig auf ein bemehltes Nudelbrett geben und entweder in vier Portionen teilen und diese zu tellergroßen Scheiben ausrollen oder kleinere Scheiben von ca. 15 cm Durchmesser herstellen oder aber ein ganzes Backblech mit dem Teig auslegen.
Auf den ausgewalkten Teig gibt man zuerst etwas passierte Tomaten und verstreicht diese gut, salzt, streut Origano darüber, verteilt dann den Käse und eventuell das Gemüse, die Zwiebel oder den Knoblauch darauf.
Das Backrohr auf 220 °C vorheizen und die Pizza 10–20 Minuten, je nach Dicke und Größe, darin backen.
Vor dem Servieren mit Olivenöl beträufeln.

Bild rechts: verschiedene Pizzas

Birnenbrot (bzw. Apfelbrot)

½ kg Vollkorn-Weizenmehl
1 Teel. Vollmeersalz
1 Eßl. Zimtpulver
½ Eßl. Anis
350 ml lauwarmes Wasser
20 g Bierhefe (Germ)
1 Teel. Honig
40 g Butter
1–2 reife Birnen (Äpfel)
2 Eßl. nicht behandelte Sultaninen
2 Eßl. Fettsamen (Haselnüsse oder Sonnenblumenkerne oder Kürbiskerne …)

Die Birnen waschen, gut abtrocknen und in nicht zu kleine Würfel schneiden. Die geschnittenen Birnen, die Sultaninen und die Samen sowie das Zimtpulver und etwas Mehl vermischen. Das frischgemahlene Vollkornmehl in eine Schüssel geben und salzen.
Wasser, Hefe und Honig mischen und mit dem Mehl verkneten. Nun das Birnengemisch dazukneten und zum Schluß die Butter darunterkneten. Den Teig zugedeckt 1 Stunde gehen lassen (wenn möglich den Teig während dieser Zeit ein- bis zweimal durchkneten).
Nun aus diesem Teig mit einem Löffel kleine Portionen ausstechen, in Vollkornmehl wälzen und auf ein bemehltes Backblech legen; zugedeckt 10 Minuten gehen lassen. Das Rohr in der Zwischenzeit auf 250 °C vorheizen.
Das Backblech einschieben, 3 Minuten bei 250 °C backen, dann auf 180 °C zurückschalten und weitere 15 Minuten fertigbacken.

Bild rechts: Birnenbrot

Topfenstrudel (bzw. Mohnstrudel) oder -schnecken

Teig:
500 g Vollkorn-Weizenmehl
ca. 300 ml lauwarmes Wasser
10 g Vollmeersalz
50 g Honig
50 g Butter
20 g Hefe
Topfenfüllung:
400 g süßer, trockener Topfen
30 g unbehandelte, gewaschene Sultaninen
geriebene Schale einer unbehandelten Zitrone
Honig nach Belieben und etwas Vollkornmehl

Das frischgemahlene Mehl in eine Schüssel geben und salzen. Das warme Wasser, die Hefe und den Honig mischen und zum Mehl geben. Zuerst alles mit einem Schneebesen unterrühren, dann mit der Hand unterkneten. Zum Schluß die Butter einarbeiten. Der Teig soll eher weich sein. Den Teig zugedeckt an einem warmen Ort ca. 40 Minuten gehen lassen. Während dieser Zeit eventuell ein- bis zweimal gut durchkneten.
Inzwischen die Füllung zubereiten:
Den Topfen in eine Schüssel geben und mit den oben genannten Zutaten gut mischen; ist die Füllung zu naß, gibt man etwas frischgemahlenes Vollkornmehl dazu.
Wenn der Teig richtig locker ist, gibt man ihn auf eine gut bemehlte Tischfläche und treibt ihn mit einem Nudelholz nach allen Seiten aus, bis der Teig ca. 4 mm dick ist, und verteilt die Füllung darauf. Dabei läßt man einen ca. 3 cm breiten Rand frei, den man mit etwas Eigelb bestreicht. Sodann rollt man den Strudel von der längeren Seite auf, legt ihn auf ein gut bemehltes Backblech und läßt ihn ca. 15 Minuten zugedeckt gehen.
Das Backrohr auf 190 °C vorheizen, den Strudel vor dem Einschieben mit Eigelb bestreichen und ca. 40 bis 50 Minuten goldgelb backen.

Variation: ***Topfenschnecken***

Will man Topfenschnecken machen, schneidet man den aufgerollten Strudel (bis hierher ist die Zubereitung wie für den Strudel) in ca. 2 cm dicke Scheiben. Diese legt man flach auf ein gut bemehltes Backblech und läßt sie ca. 15 Minuten gehen; dann bepinselt man sie mit Eigelb und bäckt sie bei 180 °C knapp 20 Minuten.

Variation: ***Anstatt der Topfenfüllung wird eine Mohnfüllung verwendet.***

Mohnfüllung:
400 g gemahlener Mohn
150 g heißes Wasser
2 Eßl. Honig
20 g Sultaninen
Zimtpulver und etwas Rahm

Das Wasser zum Kochen bringen, den gemahlenen Mohn einrühren. Den Kochtopf vom Feuer nehmen, zudecken und 15 Minuten quellen lassen. Sultaninen waschen und mindestens 1 Stunde einweichen, dann mit etwas Einweichwasser pürieren und zusammen mit dem Honig zur Mohnmasse geben. Alles gut verrühren und mit Zimt und Rahm abschmecken.

Gedeckter Apfelkuchen
(oder Topfenkuchen)

Teig:
500 g Vollkorn-Weizenmehl
1 Ei, 3 Eßl. Honig, 175 g Butter
3 gestrichene Teel. Naturbackpulver
ca. 5 Eßl. heißes Wasser
Füllung:
¾ kg gedünstete Äpfel
3 Eßl. Sultaninen
eventuell geriebene Mandeln oder Haselnüsse
etwas Zimtpulver
oder: 700 g Topfen
geriebene Schale einer unbehandelten Zitrone
nach Belieben Honig und Sultaninen, eventuell Vanille

Das Mehl in eine Schüssel geben und mit dem Backpulver mischen; die Butter in kleine Stücke schneiden, mit dem Ei und dem Honig zum Mehl geben und alles schnell zu einem glatten Teig verkneten, wobei immer wieder etwas heißes Wasser dazugegeben wird. Der Teig soll etwas weich sein. Nun den Teig zugedeckt mindestens ½ Stunde kalt stellen.

Sodann aus etwas mehr als der Hälfte des Teiges eine Platte austreiben und auf ein gefettetes Blech geben. Mit einer Gabel einstechen und ins vorgeheizte Rohr schieben, bei 180 °C 10 Minuten vorbacken.
Für die Füllung: Die Äpfel waschen und in gröbere Stifte schneiden und ca. 10 Minuten ohne Wasserzugabe in einem zugedeckten Kochtopf dünsten, sodann die Sultaninen daruntermischen. Die Apfelfüllung etwas auskühlen lassen. Nach der Backzeit (10 Minuten) wird die Füllung auf dem vorgebackenen Teig verteilt.
Den restlichen Teig zu einem Rechteck, ca. in der Größe des Teigbodens, austreiben, vorsichtig auf das Nudelholz aufrollen und über die Füllung geben; oder mit einem Krapfenrad 1½ cm breite Streifen ausradeln, diese auf die Füllung legen, so daß ein Gitter entsteht.
Mit Eigelb bestreichen und den Kuchen wieder ins Backrohr schieben. Bei 180 °C 20 bis 25 Minuten goldgelb backen.

Vollkorn-Apfelstrudel

Teig:
250 g frischgemahlenes Vollkorn-Weizenmehl oder Dinkelmehl
ca. ⅛ l warmes Wasser
1 Prise Salz
50 g Butter
Füllung:
750 g Äpfel
100 g Korinthen
65 g Mandeln
Zimt- und Nelkenpulver
etwas Streumehl
zerlassene Butter zum Bestreichen

Das Mehl in eine Schüssel sieben (die Kleie zur Seite geben, denn bei der Weiterverarbeitung wird sie wieder verwendet), salzen, das warme Wasser dazugeben und zum Schluß die erweichte, aber nicht warme Butter unterkneten. Der Teig muß elastisch sein. Zu einer Kugel formen, in Butterpapier einschlagen und in einem zugedeckten, erwärmten Kochtopf 1 Stunde rasten lassen.
In der Zwischenzeit die Äpfel waschen und in Scheiben oder Stifte schneiden, mit dem Zimt- und Nelkenpulver sowie den Korinthen mischen. Den Teig zunächst auf einem bemehlten Backbrett etwas ausrollen, dann auf ein gut bemehltes Tuch geben, nach allen Seiten vorsichtig ausrollen, mit zerlassener Butter bestreichen und mit feingeriebenen Haselnüssen und der ausgesiebten Kleie bestreuen. Die gewürzten Äpfel darüber verteilen und von der längeren Seite mit Hilfe des Tuches aufrollen.
Mit der Nahtstelle nach unten auf ein bemehltes Backblech geben, mit etwas Butter bepinseln und ins heiße Backrohr schieben. Bei 200 °C ca. 45 Minuten backen.

Nußkipfel

500 g Vollkorn-Weizenmehl
ca. 300 g Wasser (30 °C)
10 g Vollmeersalz
50 g Butter
50 g Honig
20 g Hefe
Füllung:
300 g geriebene Haselnüsse
1–2 Eßl. Honig
1 Ei
Rahm und Wasser
eventuell etwas Naturvanille oder Zimt

Das frischgemahlene Mehl in eine Schüssel geben und salzen. In einem Meßbecher die Hefe und den Honig im lauwarmen Wasser lösen und zum Mehl geben. Zuerst mit einem Schneebesen die Flüssigkeit einarbeiten, dann mit den Händen kräftig kneten. Zum Schluß die Butter fein schneiden und unterkneten. Ist der Teig trocken oder klebt er, so taucht man die Hände in lauwarmes Wasser.
Den Teig ca. 40 Minuten zugedeckt an einem warmen Ort gehen lassen, in der Zwischenzeit eventuell einmal durchkneten.
Dann den Teig auf eine bemehlte Tischfläche geben und in ca. 60 g schwere Stücke schneiden, zu Kugeln formen und diese 10 Minuten entspannen lassen. In ovale Flecken auswalken, mit der Füllung bestreichen und von der längeren Seite aufrollen. Auf ein bemehltes Backblech in Kipfelform geben und zugedeckt weitere 15 Minuten gehen lassen, dann erst mit Eigelb bestreichen. Das Backrohr auf 200 °C vorheizen und bei 180 °C 15 bis 18 Minuten backen.

Bild rechts: Nußkipfel siehe oben

Gewürzkuchen

A. 200 g Honig
1 Messerspitze Vanille
3 Eier
3 Eßl. kaltgepreßtes Samenöl oder zerlassene Butter
ca. 100 ml heißes Wasser
B. ½ gestrichener Teel. Nelkenpulver
1 gestrichener Teel. Zimtpulver
150 g Vollkorn-Weizenmehl
2 gestrichene Teel. Backpulver
250 g geriebene Mandeln oder Haselnüsse

In einer Rührschüssel alle Zutaten, die unter Punkt A angegeben sind, gut verrühren.
Die Zutaten B mischen und langsam unter die Masse A rühren. Der Teig soll nicht zu fett sein; eventuell noch etwas heißes Wasser dazugeben.
Eine Kastenform mit Butterpapier auslegen und fetten. Die Teigmasse einfüllen und mindestens ½ Stunde stehenlassen.
Das Backrohr auf 200 °C vorheizen und bei 170 °C ca. 40 Minuten backen. Mit einem Zahnstocher die Backprobe machen, bevor man die Kastenform aus dem Backrohr nimmt. Den Kuchen samt Papier aus der Form nehmen und auf einem Kuchengitter auskühlen lassen.

Bild rechts:
Karottenkuchen siehe unten
ganz rechts: Gewürzkuchen siehe links

Karottenkuchen

4–5 Eigelb
3 Eßl. Honig
3–5 Eßl. heißes Wasser
150 g frischgemahlenes Vollkorn-Weizenmehl
200 g feingeriebene Mandeln oder Haselnüsse
2 Teel. Naturbackpulver
4–5 Eiweiß
1 Prise Vollmeersalz
250 g feingeraspelte Karotten
Zum Bepinseln: Saft einer unbehandelten Zitrone und Saft einer unbehandelten Orange

Eigelb mit dem Honig und dem Wasser zu einer festen Krem rühren (ca. 15 Minuten mit dem Rührgerät).
Das frischgemahlene Mehl mit dem Backpulver und den Mandeln mischen und vorsichtig, eßlöffelweise, mit dem Schneebesen unter die Eigelbmasse heben. Falls der Teig zu fett ist, gibt man noch etwas heißes Wasser dazu. Das Eiweiß mit einer Prise Salz zu steifem Schnee schlagen und langsam unter den Teig heben, und zum Schluß die feingeraspelten, etwas ausgedrückten Karotten unterziehen.
Eine Ringform mit einem Butterpapier auslegen, fetten und mit etwas Mehl oder Bröseln bestäuben, den Teig einfüllen und im vorgeheizten Backrohr bei 170 °C 45 bis 50 Minuten backen.
Nachdem der Kuchen durchgebacken ist (Probe mit dem Holzstäbchen), nimmt man ihn aus der Form. Den Kuchen mehrmals mit einer Gabel einstechen und mit dem Orangen-Zitronen-Saft beträufeln.
Den Karottenkuchen auskühlen lassen und mit etwas geschlagener Sahne servieren.

Linzer Torte

400 g Mehl
300 g feingeriebene Haselnüsse
200 g Butter
2 Eier
3 Eßl. Honig
3 gestrichene Teel. Naturbackpulver (Naturkostladen)
1 Teel. Zimtpulver
½ Teel. Nelkenpulver
ca. 5 Eßl. heißes Wasser
etwas Streumehl
rohe Zwetschgenmarmelade (siehe Rezept Seite 92)

Das Mehl in eine größere Schüssel geben. Die Haselnüsse, das Backpulver und die Gewürze mit dem Mehl mischen. Die Butter in kleine Stückchen schneiden und zusammen mit dem Honig und den Eiern mit dem Mehl vermengen, nach und nach das heiße Wasser dazukneten. Der Teig sollte etwas weich sein. Nun läßt man den Teig zugedeckt an einem kühlen Ort mindestens 1 Stunde rasten. In der Zwischenzeit die Tortenform gut fetten und die Marmelade zubereiten.
Sodann den Tortenformboden mit ¾ des Teiges auslegen und die Marmelade darauf verteilen. Mit dem Nudelholz den restlichen Teig auswalken und mit dem Krapfenradel 1–1½ cm breite Streifen ausradeln. Diese Streifen in Gitterform auf den Kuchen legen und mit aufgeschlagenem Eigelb bestreichen.
Das Backrohr wird vorgeheizt und der Kuchen auf 180 °C 30 Minuten gebacken. Fertig gebacken, wird die Kuchenform geöffnet und die Linzer Torte auf ein Tortengitter zum Auskühlen gegeben.

Buchweizenkuchen

200 g Buchweizenmehl
100 g Vollkorn-Weizenmehl
100 g Haselnüsse
3 Eigelb
3 Eßl. Honig
100 g kaltgepreßtes Samenöl oder zerlassene Butter
80 ml warmes Wasser
Naturvanille
½ Naturbackpulver
3 Eiweiß
etwas Streumehl oder Vollkornbrösel
Zum Füllen:
reife Früchte der Jahreszeit: Waldbeeren, Kiwi ...
Sahne zum Garnieren

In einer Rührschüssel die Eigelb mit dem Wasser und dem Honig kremig rühren (ca. 15–20 Minuten mit dem Rührgerät), langsam das Öl oder die zerlassene Butter dazugeben. Nun vorsichtig das Mehl-Haselnuß-Backpulver-Gemisch sowie die Gewürze und den steifgeschlagenen Eischnee mit einem Schneebesen unterziehen. Eine Springform mit Butterpapier auslegen, fetten und mit Bröseln oder Mehl bestreuen, den Teig darauf verteilen und im vorgeheizten Backrohr bei 170 °C 35 bis 45 Minuten backen.
Den Kuchen auf ein Kuchengitter stürzen, das Papier abziehen und auskühlen lassen.
Mit frischen Früchten füllen und geschlagener Sahne garnieren.

Orangensavarin

150 g Butter
180 g Honig
6 Eier
Saft und Schale von einer kleinen Orange
250 g frischgemahlenes Weizen-Vollkornmehl
1 Messerspitze Vollmeersalz
Butter und Streumehl für die Form
Zum Belegen:
Saft einer Orange und 1 Eßl. Honig
½ l Sahne
200 g Früchte (Himbeeren, Erdbeeren oder Schwarzbeeren ...)

Die Butter schaumig rühren, den Honig und die Eigelb nach und nach dazugeben. Die Orangenschale fein abreiben und den Saft auspressen, diesen dann langsam in kleinen Portionen in die Buttermasse abwechselnd mit dem Mehl einrühren. Die Eiweiß mit etwas Salz steif schlagen und unter die Buttermasse heben.
Eine Savarinform (oder Kastenform) ausbuttern, mit Mehl bestreuen und die Teigmasse einfüllen.
Das Backrohr auf 200 °C vorheizen und 20 bis 35 Minuten backen.
Für den Belag:
Den Orangensaft mit Honig vermengen; den noch heißen Savarin mehrmals mit einer Gabel einstechen und mit dem Orangensaft tränken. 1 Stunde stehen lassen, sodann auf einen Kuchenteller stürzen und mit geschlagenem Rahm und frischen Früchten garnieren.

Biskuittorte

5 Eigelb, 8 Eßl. warmes Wasser
4 Eßl. Honig, 5 Eiweiß
250 g Vollkorn-Weizenmehl oder Dinkelmehl
oder 200 g Vollkorn-Weizenmehl (oder Dinkelmehl)
50 g feingeriebene Mandeln, 1½ Teel. Backpulver
1 Messerspitze Naturvanille
oder die Schale einer unbehandelten Zitrone

Eigelb mit dem Honig kremig rühren. Langsam das warme Wasser dazugeben und alles so lange rühren, bis keine Blasen mehr vorhanden sind (ca. 15–20 Minuten mit dem Rührgerät rühren).
Das Mehl mit dem Backpulver mischen und das Eiweiß zu steifem Schnee schlagen. Nun hebt man abwechselnd den Schnee und das Mehl mit einem Schneebesen unter die Eigelbmasse.
Den Boden einer Springform mit Butterpapier auslegen, gut fetten und die Masse einfüllen.
Das Backrohr auf 190 °C vorheizen und den Kuchen ca. 40 Minuten backen.
Diese Biskuittorte kann mit verschiedenen Kremen gefüllt werden, so z. B. mit einer Topfen- oder Himbeerkrem.

Bild rechts:
oben: Orangensavarin siehe links · links: Biskuittorte siehe oben
rechts: Buchweizenkuchen siehe links

Topfenkrem

500 g süßer Topfen (Ricotta Romana)
3 Eßl. kristallisierter (fester) Honig
etwas Naturvanille
200 g feingeriebene, getoastete Haselnüsse (siehe Rezept Haselnußpralinen)
¼ l geschlagene Sahne

Topfen durch ein Sieb pressen und mit dem Honig und der Vanille gut verrühren. Nun die feingeriebenen Haselnüsse und die steifgeschlagene Sahne mit einem Schneebesen unterheben.
Den Biskuitkuchen durchschneiden und mit einem Teil der Krem füllen. Mit dem Rest der Krem den Kuchen garnieren.

Kastanienfüllung

1 kg Kastanien
½ l Milch oder Wasser
2 Eßl. kristallisierter (fester) Blütenhonig
½ l geschlagene Sahne

Die Kastanien ritzen und im Backrohr braten. Kurze Zeit in ein feuchtes Tuch wickeln, damit sie sich leichter schälen lassen. Nun schält man die Kastanien und kocht sie mit der Milch oder Wasser in einem zugedeckten Kochtopf ca. 15 Minuten, und passiert sie dann mit der »Flotten Lotte«, oder preßt sie durch die Kartoffelpresse.
Diese passierten Kastanien vermischt man nun mit dem Honig und gibt evtl. noch etwas Flüssigkeit (Wasser oder Rahm) dazu. Es soll eine etwas feste, aber streichfähige Krem entstehen.
Den Biskuitkuchen auseinanderschneiden und mit der Kreme füllen. Mit geschlagener Sahne garnieren.

Bienenstich

Grundrezept für den Ölquarkteig

Teig:
450 g frischgemahlenes Vollkorn-Weizenmehl
10 Eßl. kaltgepreßtes Samenöl oder 80 g zerlassene Butter
ca. 10 Eßl. lauwarmes Wasser
225 g Topfen
3–4 Eßl. Honig
4 Teel. Naturbackpulver
1 Prise Vollmeersalz
Belag:
250 g blättriggeschnittene Mandeln
75 g Butter
2 gehäufte Eßl. Honig
etwas Naturvanille

Zubereitung des Teiges: Aus den obengenannten Zutaten schnell einen weichen Teig kneten und mindestens 30 Minuten ruhen lassen. Dann auf einem gebutterten Backblech dünn austreiben.
Für den Belag: Die Butter zerlassen, den Honig dazugeben und zum Schluß die Mandeln und die Vanille unterrühren. Etwas auskühlen lassen und dann auf dem Teig verteilen. Das Blech in das bereits auf 175 °C vorgeheizte Backrohr geben und 20 bis 25 Minuten goldgelb backen.
Etwas auskühlen lassen und in 4 × 8 cm große Rechtecke schneiden.

Bild rechts:
Reihe 1–6: Butterkekse
Reihe 7–9: Spritzkekse Seite 85
Reihe 10–11: Vanillestangen Seite 86
Reihe 12–13: Kokoshäufchen Seite 86
Reihe 14: Früchtebrot Seite 86

Butterkekse

500 g frischgemahlenes Vollkorn-Weizenmehl
(oder Dinkel)
1 Messerspitze Vanille
2 Teel. Naturbackpulver
1 Eßl. Rum
250 g Butter, 1 Ei
4 Eßl. Honig, ca. 3 Eßl. heißes Wasser

Das frischgemahlene Mehl in eine Schüssel geben, mit dem Backpulver und der Vanille mischen. Die Butter in kleine Stücke schneiden und auf das Mehl geben, dann den Honig, das Ei und den Rum dazugeben und alles etwas verkneten. Nur langsam das heiße Wasser dazukneten, so daß eine weiche Teigmasse entsteht. Diesen Teig zugedeckt mindestens 2 Stunden ruhen lassen.
Den Teig nach der Teigruhe auf einer bemehlten Tischplatte messerrückendick austreiben und mit beliebigen Formen ausstechen; auf ein bemehltes Backblech legen, mit etwas Eigelb bepinseln und ca. 10 Minuten im vorgeheizten Backrohr bei 175 °C goldgelb backen.

Spritzkekse

175 g Butter, 1 Ei
150 g Honig, 100 g feingeriebene Haselnüsse
250 g frischgemahlenes Vollkorn-Weizenmehl
1 Teel. Naturbackpulver
1 Messerspitze Naturvanille, 2 Eßl. heißes Wasser

Butter und Honig flaumig rühren, dann das ganze Ei und Vanille dazugeben. Die feingeriebenen Haselnüsse mit dem Mehl und dem Backpulver vermischen und unter die Butterkremmasse rühren. Sodann die 2 Eßlöffel Wasser dazugeben. Den Teig 15 Minuten rasten lassen.
Einen Spritzbeutel mit einer großen Sterntülle versehen, den Teig einfüllen und auf ein bemehltes Backblech beliebige Formen spritzen. Das Backrohr auf 175 °C vorheizen und die Kekse ca. 15 Minuten goldgelb backen.

Vanillestangen

300 g frischgemahlenes Vollkorn-Weizenmehl
½ Teel. Naturbackpulver
200 g Honig
200 g Butter
½ Teel. Naturvanille
3 Eigelb
2 Eßl. heißes Wasser
150 g feingeriebene Mandeln oder Haselnüsse

Das frischgemahlene Vollkornmehl mit dem Backpulver mischen und in eine große Schüssel geben, in die Mitte eine Vertiefung drücken, Eigelb, Honig, Vanille und Wasser hineingeben und mit etwas Mehl verrühren. Die kalte, in Stücke geschnittene Butter daraufgeben und alles schnell zu einem glatten Teig verarbeiten. Den Teig mindestens ½ Stunde kalt stellen. Aus dem Teig eine Rolle formen, in kleine Stücke schneiden, daraus kleine Stangen formen. Auf ein bemehltes Backblech geben, ins heiße Rohr schieben und bei 180 °C goldgelb backen. Etwas auskühlen lassen und dann erst vom Blech lösen.

Kokoshäufchen

2 Eier
170 g Honig
1 Messerspitze Naturvanille
1 Eßl. Rum
200 g Kokosraspeln
Oblaten

Honig, Eier und Vanille kremig rühren, die Kokosraspeln unterziehen und den Teig mindestens 20 Minuten quellen lassen.
Die Oblaten auf ein Backblech legen und mit zwei Kaffeelöffelchen kleine Teighäufchen daraufgeben. Im vorgeheizten Backrohr bei 175 °C ca. 25 Minuten backen.

Früchtebrot

3 Eier
150 g Honig
250 g Vollkornweizen
1 gehäufter Teel. Naturbackpulver
3 Eßl. Rum
500 g Trockenfrüchte: Pflaumen, Sultaninen, Datteln, Aprikosen ...
200 g grobgeriebene Haselnüsse oder Mandeln

Die Trockenfrüchte waschen, entsteinen, klein schneiden und mit dem Rum mischen.
Eigelb schaumig rühren, den Honig dazugeben und zu einer kremigen Masse verrühren. Langsam das Mehl, die Haselnüsse und das Backpulver dazugeben, dann die kleingeschnittenen Früchte mit dem Rum und zum Schluß den steifgeschlagenen Eischnee unterziehen. Den Teig in eine mit Papier ausgelegte, gefettete Kastenform füllen, glattstreichen und ca. 1 Stunde rasten lassen, dann in das bereits 200 °C heiße Backrohr bei 160 °C ca. 1½ Stunden backen.

Desserts

Krem mit Früchten

3 Eigelb
3–4 Eßl. Blütenhonig
etwas Naturvanillepulver
300 g süßer Topfen (Ricotta Romana)
3 Eiweiß, ¼ l Rahm
Früchte je nach Jahreszeit: Kaki oder Himbeeren, Erdbeeren, Kiwi...
2 Eßl. feingeraspelte Nüsse

Eigelb kremig rühren, den Honig dazugeben und so lange schlagen, bis eine feste Masse entsteht (ohne Blasen). Den Topfen durch ein Sieb pressen oder in einem Mixer glattrühren; langsam die Eigelbmasse dazugeben, mit Vanille würzen. Eiweiß zu Schnee und den Rahm steif schlagen und vorsichtig abwechselnd unter die Topfenmasse ziehen.
In Dessertgläser feingeschnittene Früchte geben, darauf etwas Krem verteilen, dann wieder Früchte und zuletzt noch eine Schicht Krem geben. Mit feingeraspelten Nüssen garnieren und kalt stellen.

Himbeerkrem

300 g süßer Topfen oder »Ricotta Romana«
etwas Naturvanille
2 gehäufte Eßl. Blütenhonig
250 g Himbeeren (frisch oder tiefgefroren)
¼ l Rahm

Den Topfen kremig rühren, Honig und Vanille dazugeben und kräftig durchschlagen. Nun die Himbeeren dazugeben und gut vermischen; zum Schluß den Rahm steif schlagen und unterziehen.
Die Krem in Gläser füllen und kalt stellen.

Joghurtkrem mit Waldbeeren

½ l Naturjoghurt
1 Eßl. Honig
etwas Naturvanille
250 g Waldbeeren (Schwarzbeeren, Erdbeeren oder Himbeeren...)
⅛ l Sahne

Die Waldbeeren putzen und in einem Mixer zusammen mit dem Honig fein pürieren. Joghurt und Vanille dazugeben und alles kräftig durchmixen. Die Sahne etwas schlagen und unter die Joghurtmasse heben.

Haselnußkrem

250 ml Milch oder Wasser
60 g frischgemahlenes Vollkorn-Reismehl
1 Eßl. Honig (Agrumen- oder Akazienhonig)
1 Messerspitze Naturvanille
150 g feingeriebene, getoastete Haselnüsse (siehe Haselnußpralinen)
gut ⅛ l Sahne

Milch und das frischgemahlene Reismehl gut verrühren und zum Kochen bringen, dabei ständig umrühren, damit das Reismehl nicht ansitzt; knapp 1 Minute aufkochen lassen. Vom Feuer nehmen und etwas auskühlen lassen. Immer wieder umrühren. Sobald der Brei nicht mehr heiß ist, den Honig einrühren und so lange rühren, bis keine Klümpchen mehr sind (mit Hilfe eines Mixers geht dies leichter), dann erst die feingeriebenen Haselnüsse dazugeben. Nun die Sahne steifschlagen und unterheben. Die Krem in Dessertgläser füllen und mindestens 1 Stunde kalt stellen.
Eventuell mit geriebenen Haselnüssen und Sahne garnieren.

Haselnußparfait

2 Eigelb
2 Eßl. Blütenhonig
¼ l Rahm
2 Eiweiß
1 Prise Vollmeersalz
100 g Haselnüsse (getoastet – siehe Haselnußpralinen)

Die Eigelb mit einem Eßlöffel Honig kremig rühren, bis keine Blasen mehr zu sehen sind. Den Rahm steif schlagen; Eiweiß mit der Prise Vollmeersalz zu steifem Schnee schlagen und 1 Eßlöffel Honig dazugeben, damit er geschmeidig wird. Die feingeriebenen Haselnüsse, den Schnee und die Sahne vorsichtig unter die Eigelbmasse heben und in kleine Formen füllen oder in eine mit Alufolie ausgelegte Kastenform geben. Mit einer Folie abdekken und mindestens drei Stunden in den Gefrierschrank stellen. Dann die Formen stürzen und mit etwas Sahne und Haselnüssen garnieren oder die Kastenform stürzen, die Alufolie entfernen, in Scheiben schneiden und mit etwas Sahne garnieren.

Vanilleeis

2 Eigelb
2 Eßl. Blütenhonig
½ kleiner Kaffeelöffel Naturvanille
¼ l Rahm
2 Eiweiß
1 Prise Vollmeersalz

Die Eigelb mit dem Honig und der Vanille kremig rühren (ca. 15 Minuten mit dem Rührgerät). Das Eiweiß mit einer Prise Salz und den Rahm steif schlagen; dann beides vorsichtig unter die Eigelbmasse ziehen.
Die Masse in eine Form (evtl. eine Kastenform mit Alufolie auslegen) füllen, mit einem Deckel oder einer Alufolie abdecken und sofort in den Tiefkühlschrank stellen.
Nach 3–4 Stunden herausnehmen, die Form stürzen, Alufolie entfernen und in Scheiben schneiden. Evtl. mit Sahne und Früchten garnieren und sofort servieren.

Erdbeereis

600 g gekühlte reife Erdbeeren, ¼ l Rahm
½ Mokkalöffel Vanille, 4 Eßl. Blütenhonig

Die gekühlten geputzten Erdbeeren mit dem Honig und der Vanille mixen. Den Rahm sehr steif schlagen und unter die Erdbeermasse ziehen. Die Krem in ein gut verschließbares Gefäß füllen und sofort in den Tiefkühlschrank stellen.
Nach 3–4 Stunden herausnehmen, die Form stürzen, die Folie entfernen und in Scheiben schneiden. Sofort servieren.

Joghurteis mit Früchten

500 g Naturjoghurt, ¼ l Sahne
3 Eßl. Akazienhonig, 1 Messerspitze Naturvanille
süße Früchte nach Belieben: Pfirsich, Aprikosen oder Beeren usw.

Joghurt mit Honig und Vanille gut vermischen, die Sahne steif schlagen und unterziehen. Die geputzten Früchte evtl. in kleine Würfel schneiden, kleine Beeren ganz lassen und unter die Masse heben. Sofort in ein gut verschließbares Gefäß füllen und in das Tiefkühlfach stellen.

Melonensorbet

1 mittlere Zuckermelone
4 Eßl. Akazienhonig
2 Messerspitzen Naturvanille
300 g Sahne

Die Melone putzen und passieren oder in einem Mixer pürieren. Honig und Vanille dazugeben, und zum Schluß die steifgeschlagene Sahne unterziehen. In eine Form füllen, gut verschließen und sofort ins Tiefkühlfach stellen.

Variation: Zur Verfeinerung 2–3 Eßlöffel feingeriebene, getoastete Haselnüsse (siehe Haselnußpralinen) dazugeben.

Bild rechts: Erdbeereis siehe oben · Vanilleeis siehe links
Haselnußparfait siehe links

Konfekt und Pralinen

Honig-Marzipan-Rohmasse

200 g Mandeln
150 g fester, kristallisierter Blütenhonig (am besten eignet sich Orangenblütenhonig)
3–4 Bittermandeln oder etwas Naturaroma

Mandeln kurz in heißes Wasser tauchen, schälen und in einem Mixer ganz fein mahlen; den Honig darunterkneten. Aus der Masse eine Stange formen, gut in Butterpapier einwickeln und kühl aufbewahren.
Aus dieser Masse kann man mehrere Formen herstellen, dieselbe auch zum Füllen von Keksen verwenden sowie durch Beigabe von verschiedenen Aromen mehrere Sorten von Marzipan herstellen, z. B.: feingeriebene Schale einer unbehandelten Orange oder 1 Teel. Zimtpulver oder 1 Teel. Kakaopulver (aus dem Naturkostladen).

Dattelschiffchen

20 Datteln, knapp 100 g Honig-Marzipan-Rohmasse

Die Datteln auf einer Seite aufschneiden und entkernen. Aus der Marzipanmasse kleine Kugeln formen, etwas länglich formen und die Datteln damit füllen.
Eine Gabel in kaltes Wasser tauchen und auf die Marzipanmasse drücken, so daß ein Muster entsteht.

Haselnußpralinen

250 g Haselnüsse, 150 g kristallisierter Honig
etwas Naturvanille

Haselnüsse auf ein Backblech geben und ins kalte Backrohr schieben; auf 200 °C schalten und ca. 14 Minuten im Rohr lassen. Herausnehmen, etwas auskühlen lassen.
Die Haselnüsse ganz fein mahlen und mit den übrigen Zutaten verkneten. Aus dieser Masse Kugeln oder sonst beliebige Formen herstellen, evtl. mit einer Haselnuß dekorieren oder in geriebenen Haselnüssen wälzen und in Pralinenschälchen geben.

Dattel-Kokos-Konfekt

200 g Datteln
ca. 50 g Kokosraspeln
2 Eßl. Wasser

Die Datteln entsteinen und fein schneiden, dann in einem Mixer mit dem Wasser ganz kremig pürieren; sodann löffelweise die Kokosraspeln beimengen, bis eine festere Masse entsteht. Diese Dattel-Kokos-Masse etwas ziehen lassen. Dann daraus kirschgroße Kugeln formen, diese in Kokosraspeln wälzen und in Konfektschälchen geben.

Aprikosenkonfekt

180 g getrocknete ungeschwefelte Aprikosen
ca. 200 g Honig-Marzipan (siehe Rezept)
Saft und Schale einer unbehandelten Orange
ca. 100 g getoastete Haselnüsse fein gerieben
(siehe Haselnußpralinen)

Die Aprikosen waschen und ganz fein schneiden; mit der geriebenen Zitronenschale und dem Saft in einem Mixer fein pürieren, das Marzipan dazugeben und alles gut durchmixen. Evtl. etwas feingeriebene Haselnüsse dazugeben.
Auf eine Tischplatte Haselnüsse streuen, darauf die Masse auswalken. Mit Haselnüssen bestreuen und kleine Formen ausstechen, oder in kleine Würfel schneiden.

Bild rechts:
von außen nach innen:
Haselnußpralinen siehe links
Dattelschiffchen siehe links
verschiedenes Honig-Marzipan-Konfekt siehe links

Aufstriche

Rohe Zwetschgenmarmelade

250 g Trockenpflaumen

Die Pflaumen waschen, entkernen und für einige Stunden in etwas Wasser einweichen. Mit dem Einweichwasser in einen Mixer geben und fein pürieren, mit Zimt abschmekken. Die so zubereitete Marmelade kann in einem gut verschlossenen Glas einige Tage im Kühlschrank aufbewahrt werden.

Sesambutter

100 g Butter, 2 Eßl. getoasteter Sesam, Vollmeersalz

Den Sesam in eine heiße, trockene Pfanne geben; evtl. immer wieder umrühren, und sobald die ersten Samen springen, den Sesam aus der Pfanne geben, damit er nicht zu dunkel wird. Den Sesam auskühlen lassen und dann in einem Mörser oder in einem kleinen Mixer zerkleinern. Butter weichrühren, getoasteten und zerkleinerten Sesam dazugeben und mit Salz abschmecken; kalt stellen.

Zitronenbutter

100 g Butter
wenig Vollmeersalz
feingeriebene Schale einer unbehandelten Zitrone
1 Kaffeelöffel Zitronensaft

Die Butter weichrühren, die feingeriebene Schale einer Zitrone und den Saft unter die Butter rühren und mit Salz abschmecken, kalt stellen.

Walnußbutter

100 g Butter, 3 Eßl. feingeriebene Walnüsse
etwas Vollmeersalz

Alle Zutaten gut verrühren und kalt stellen.

Kräuterbutter

100 g Butter, 3–5 Eßl. feingehackte Kräuter: Thymian, Rosmarin,
Salbei, Schnittlauch, Petersilie, Borretsch usw.
½ Eßl. gut entsalzte Kapern
evtl. wenig Knoblauch
evtl. Vollmeersalz

Die Salzkapern waschen und mindestens 12 Stunden in kaltem Wasser einweichen.
Die Kapern noch einmal gut durchwaschen und gut ausdrücken. Kapern und Kräuter ganz fein hacken, mit der weichgerührten Butter verrühren und mit gepreßtem Knoblauch und Vollmeersalz abschmecken.

Liptauer

Zutaten:
250 g Topfen
1 kleine Zwiebel
1 Teel. Vollmeer- oder Kräutersalz
1 Eßl. Rosenpaprika (süß)
2–3 Eßl. Sahne

Zubereitung: Den Topfen mit einem Rührgerät kremig rühren, so viel Sahne dazugeben, daß eine streichfähige Masse entsteht, salzen und das Paprikapulver dazugeben. Die Zwiebel sehr fein hacken und unter die Topfenmasse rühren. Diesen Käse mindestens 1 Stunde kalt stellen.

Roquefortaufstrich

100 g Roquefort
100 g süßer Topfen
50 g Butter
Vollmeersalz
2 Eßl. feingeschnittener Schnittlauch

Den Roquefort und die Butter mit einer Gabel gut zerdrücken und mit dem Topfen mischen.
Alles mit einem Rührgerät kremig rühren, salzen und zum Schluß den Schnittlauch untermischen. Diesen Aufstrich mindestens 1 Stunde kalt stellen.

Bild: Liptauer, Zitronenbutter, Kräuterbutter, Sesambutter

Wacholderbutter

100 g Butter
1 Eßl. Wacholderbeeren
etwas Vollmeersalz

Wacholderbeeren in einem Mörser zerreiben oder in einem Mixer zerkleinern, mit der Butter vermengen und mit etwas Salz abschmecken. Kalt stellen.

Kapernbutter

100 g Butter
1 Eßl gut entsalzte, feingehackte Kapern

Die Salzkapern gut waschen und mindestens 12 Stunden in Wasser einweichen; evtl. öfters das Wasser wechseln. Die Butter rühren, die Kapern gut ausdrücken, fein hakken und unter die Butter rühren. Eine Rolle formen, in Butterpapier einrollen und kalt stellen.

Inhaltsübersicht

Rohkost und Salate

Rohe Getreidespeisen

Suppen

Saucen

Gekoche Getreide- und Gemüsegerichte

Brotrezepte

Gebäck

Desserts

Konfekt und Pralinen

Aufstriche